司法通訳人という仕事

知られざる現場

小林裕子
Yasuko Kobayashi

慶應義塾大学出版会

良心に従って
誠実に通訳することを誓います。

はじめに

通訳という響きに華やかさを感じる方も多いかもしれません。芸能・マスコミ・スポーツ界の通訳はリズムとニュアンスの選択センスが問われ、一瞬のうちに鋏一丁で竹串の上に金魚を泳がせる飴細工職人にも似た非凡な才能が必要でしょう。

一方、本書で取り上げる司法通訳人あるいは法廷通訳人は浮世絵の摺師にも似た仕事かもしれません。しっかり彫り込まれた刑事手続きという道筋の中で時系列に沿って事実を重ね合わせ、証拠や証言でさらに絵柄を際立たせ、摺り残しがないように何度も力を加減しながらバレンを滑らせ、細やかな色合いの取りこぼしがないように完成させていく仕事です。

外国人による窃盗や暴行事件などで駆けつけることが多かった司法通訳人の仕事に変化が現れ始めたのはここ3年ほどです。ロマンス詐欺、高齢者による違法薬物の密輸請負など、先進国の多くで顕在化してきた経済格差、少子高齢化、社会的孤立などの問題を象徴するような事例が明らかに増えています。通訳人も膨大な外国語資料に目を通すことが求められ、その資料のなかの細かな記述を精査する鋭い感覚が求められるようになってきました。

被疑者の接見に同行する通訳においても、被疑者の語りの中に文化の違いを象徴する言葉を見出す知識が必要です。また自国の法と同様であろうという憶測に基づき会話を進める被疑者の誤解を弁護人にいち早く伝えることができる司法通訳人も必要になっています。被疑者の段階から国選弁護人が接見要請を受けるようになり、通訳人が同行するようになりましたが、文化や法律知識そして我が国の刑事司法に明るい司法通訳人の数はまだまだ限られています。

本書は我が国の刑事司法制度を研究する優れた外国人研究者の著書、そして司法通訳人の問題点を指摘する日本の法律実務家や研究者の文献等に頼りつつ、著者の司法通訳人そして法廷通訳人としての所見を綴ったものです。その数と質を共に充実させなければならない司法通訳人・法廷通訳の深い存在意義についてお考えいただく契機となれば幸いです。

目次

VI　グローバル化する社会と司法、司法通訳の能力向上のために必要なもの　141

司法通訳人という仕事
——知られざる現場

I　司法通訳とは
どのような仕事か

東京拘置所の金属探知ゲートをくぐると、その先には長い長い廊下がゆるやかな弧を描きながら続く。腰よりも低い位置から下に向かって幅20センチほどの縦長の嵌込み窓が一定の間隔で太陽の光を誘い込み、廊下に規則的な光の帯を描き出す。しぜんと視線が足元に向かうこの長い廊下をうつむきかげんに接見室へ向かう時、この廊下のありようがまさしく日本の刑事司法における被告人の在り方と重なると感じながら歩みを進めてゆく。

午後5時を少し過ぎて接見室を出ると、電灯が落とされた廊下を外から差し込む仄暮れの光で足元を照らされながら正面玄関へとまた、ゆるやかなカーブを辿り、沈黙のまま弁護人の後を進む。接見室に向かう時の沈黙と接見が終わり拘置所敷地内と外とを隔てる自動ロックの鉄格子の扉をまたぐまでの沈黙は、司法通訳人の在り方を象徴するものではないだろうか。

弁護人と被告人の発話がない限り司法通訳人は何も語るべきことがありません。沈黙の中でも頭の中ではそれまでの接見で知り得た事実関係の整理や被告人の語りを思い起こしてはいますが、そこから憶測や結論めいたものを導き出そうとすることは決してありません。弁護人と被告人とのやり取りと調書や証拠資料を適切な表現で、両者の眼前で双方向に通訳することだけに全能力を集中することが司法通訳人の責務なのです。

私は、東京拘置所の廊下に規則的に並ぶ、空を窺い知ることができない窓と、最高裁判所大法廷に天空を現出させる、空に向かって大きく解き放たれた半球の窓が、我が国の司法制度が長きにわたり高く掲げてきた理想を象徴的に表現していると考えています。足元に規則的に差し込む光を辿りながら歩みを進めるさまは、あたかも被告人が改悟と反省を深めながら己と向き合い続ける姿のように映り、最終審としての最高裁判所では、大法廷全体に陽光が等しく且つやわらかに降り注いでいます。最高裁判所を設計した岡田新一氏が、「裁判とは何か、その本質を知ることこそが肝心である」と考え「デザインの勉強よりも法律の勉強をしなければならない」と語ったように、司法通訳人もまた法律の本質的な存在意義に大いに関心を持つべきなのでしょう。

司法通訳と聞いて、よほど法律に詳しくなければ通訳はできないと思う方が多いようですが、刑法や刑事手続法存在の意義と基本概念を理解すればおのずから弁護士や検察官の質問の意図をくみ取ることができ、適切な表現を探し当てることができると考えています。関係法律を逐条読解しながら、なるほどと深く頷く時間が好きで、守秘義務を当たり前のこととして受けとめ、英語が得意で、文章解釈に対してチョットしたこだわりを持ち、体

最高裁判所大法廷。天井の中心に直径約14メートルの円筒形の吹き抜けがあり、ガラスの天井を通して大法廷の中央に光が差し込む。写真は裁判員制度を合憲とした大法廷。(2011年11月16日　時事)

力自慢の人物にとっては心の底から充実感を味わえる任務です。

第5回日本エッセイスト・クラブ賞を受賞した元裁判官の原田國男弁護士は『裁判の非情と人情』の第一章で「裁判の証人尋問で宣誓をしてもらうと、右手を挙げて宣誓をしようとする人が結構いる。アメリカ映画の影響かもしれない」と書かれています。日本でも

東京都葛飾区小菅にある東京拘置所。拘置所には原則として被疑者、被告人である未決拘禁者が収容されており、警察の留置場を出た後拘置所へと移ることとなる。

警察や法廷を舞台としたドラマを各局が看板番組として人気俳優をキャスティングして、毎日のように放映しています。接見の帰り道に沈黙を埋める四方山話として、ある弁護士さんにこの話題を向けてみると「たぶん、45分で毎回完結できるし、話のネタが尽きないからでしょうね」と苦笑していました。法廷で声を荒らげて丁々発矢と遣合う弁護人と検察官、そしてそれを威厳に満ちた穏やかな表情で遮る裁判官、事件管轄の警察署には信念を何が何でも貫こうとする実直で正義感に満ち溢れた警察官が昼夜を問わず駆けずり回っている、というパターンが刑事・司法ドラマの中では多いようですが、ある意味これが日本における一般市民の刑事手続きや法廷に対するイメージであり理想なのかもしれません。一昔前であれば、取調べ担当の刑事が被疑者の前に置かれた机を大声を出しながら叩いたり、ひっくり返すシーンがドラマでの定番でしたが、最近ではそのようなシーンは見られなくなっています。カメラアングルの工夫や俳優の持つイメージや表情で、刑事や検事、の内面や衝動を表現しようとする工夫を感じます。裁判官には通常、いわゆる有名俳優がキャスティングされないこともとても興味深いことです。裁判官のあるべき姿を表現するには、個性的で自己主張が強い俳優では、私たち視聴者は「予断排除の原則」をすっかり忘れて裁判の行方をあれこれ予測することとなってしまい、推理ドラマと区別がつかなくなってしまいます。

さて、ドラマを離れ、刑事事件について、私たちは報道を通してその一端を垣間見ることができますが、一部の刑事事件においては外国人が事件の当事者になることも当然あり得ます。日常生活のグローバル化が進み、多くの外国人が往き来する現代日本の社会において、刑事事件に日本語を解さない当事者が含まれることも見られるようになってきています。特に、来日外国人による刑事事件が減少する傾向が見られない中、日本語を解さない被疑者、被告人への対応が喫緊の課題となっているのです。

通常、被疑者として逮捕されてから48時間の警察の捜査があり、そして72時間以内に検察へと身柄が移され、逮捕後23日以内に起訴・不起訴が決まります。この時間の制約を受けながら、被疑者と弁護士あるいは被疑者と検察官との言語をつなぐ役割を果たすのが司法通訳人です。また、起訴後は拘置所などへの接見に同行し、被告人に対する弁護人の弁護活動を日本語と被告の言語に最も近い言語を使用し、双方向のコミュニケーションを成立させるのが司法通訳人の役割です。

特に裁判での通訳人については通常、法廷通訳人という名称が使用されています。法廷通訳人は法廷での裁判官、検察官、弁護人、被告人の発言の通訳を行いますが、公判に向けての準備として、起訴状、冒頭陳述、供述調書、証拠調べ請求に関わる意見、論告求刑、弁論などの書類の翻訳もしなければなりません。この翻訳業務には時間的余裕が与えられることは少なく、資料が手元に届くのは公判前日の夕方であることもしばしばです。秘密保持の見地から、当然のことながらメールでの送信および受信は許されていません。FAX送付を待ち切れないとき、そして完全に受信できなければ大変な支障をきたすとの思いから弁護士会館まで夜間に出向いて書類を受け取ることもあります。公判前日の夜は徹夜で翻訳を続け、朝焼けにせかされながら完成させた文書を携え、そのまま裁判所へ向かうことになります。司法通訳人はどの場面においても大変な集中力を要求される仕事であることは間違いありません。

ここで少しだけ、私が司法通訳人を努めることにもなった、ちょっとしたきっかけをお話してみようと思います。私は慶應義塾大学法学部政治学科を卒業しましたが中学時代を米国で過ごした関係から英語は比較的得意でした。大学を卒業してからは地元の米国総領事館で通訳をするようになりました。当時はアメリカのファストフード店各社が日本での経営拡大を目指して盛んに商談が行われていました。現在でも沖縄に店舗を展開する多数の企業で商談通訳をしましたが、残念ながら私が当時住んでいた札幌には一店舗も残っていません。高額なフランチャイズ契約料を、自分でも驚きながらその金額を手元に書き示し地元企業の担当者に通訳すると、予想外の金額を前に私の顔を驚いたようにのぞきこんでくる担当者がたくさんいました。そのような中で一番私が性に合うと感じたのは、APECの準備会合で唯一の日本人として地元採用されお手伝いをしたことでした。とても気にいったのは守秘義務の高さと会議の目的の明確さでした。高校時代の現代国語の教科書で森鷗外の『舞姫』を読み、主人公がドイツに法律を学びに行ったことになぜかしら影響を受けて法学部に入学し、大学一年生の時に履修した『法学概論』でとある先生が教えてくださった「法律は最低限の道徳である」という言葉に異常ともいえる勢いで反応した私にとって、守秘義務と目的の厳密さが際立つ司法通訳人の任務には本当にやりがいを感じます。

商談通訳で自分の意志とは全く無関係の内容を発話しなければならない通訳の宿命に少し疑問を感じたわがままな私は、大学院に入学し国際私法を学ぶことにしました。国際的な法律問題のうち、特に普通の私人の家族関係や企業の取引関係などといった、いわゆる私法の問題を扱う分野です。イギリスにおける属人法の決定基準ドミサイルの概念の変遷について研究しましたが、グローバル化が始まった当時、自らの意志で居住地を選択する人物と外的要因で居住地が決定した人物のドミサイル決定基準が同一でよいのだろうか、という疑問から出発したものでした。しかし、現在の関心が国際私法ではなく、もっぱら刑法と刑事手続法全般にあるとは不思議です。

司法通訳人であることは、もちろん自分の考えを発話する役目ではありませんが、依るべき法律があるという目的の明確性と守秘義務を強く求められるところが私の性格になぜかしら合っているとしか言いようがありません。

大学での一日の講義が終わった20時を回ってから接見室に入ることが多いのですが、何百回も繰り返し使ってきた、「検察官」「地方裁判所」「取調べ」「供述調書」「黙秘権」「国選弁護人」「起訴」「起訴猶予」「処分保留」「入国管理事務所」「被疑者」「税関」「入国審査」など、頭に浮かぶ導入単語を電車の中で英語に直し、リーガルパッドに手書きしながら通訳開始のエンジンをかけます。法テラスからの依頼を受けると必ずどのような事件なのか、簡単に概要を聞くことにしていますので、被疑事実に関して使用が予測される一連の単語一覧も併せて書き出しておくことにしています。警察署で弁護士の先生と落ち合うと、慣れた弁護士であれば被疑事実についてレクチャーしてくれますので、その時点で焦点があてられる事実について、ある程度の予測が立てられることになります。その後は接見室に入室するまで、頭の中で花吹雪の様に英単語を舞い散らします。

1 司法通訳の制度

それでは、いまの司法通訳、法廷通訳の制度とは一体どのようなものなのでしょうか。これから具体的に紹介していきたいと思います。

グローバル化が進み来日外国人や在留外国人が増加する中、ある一定比率の刑事事件の当事者は日本語を解さない外国人です。そして、日本においては未だ「司法通訳人」の統一的資格認定制度は存在していません。これを意外に思われる方も多いかもしれませんが、刑事訴訟法223条に規定される「通訳」に求められる資格や技能に関してなんら具体的な基準は定められていないのです（刑事訴訟法223条も「検察官、検察事務官または司法警察職員は、犯罪の捜査について必要があるときは、被疑者以外の者の出頭を求め、これを取り調べ、またはこれに鑑定、通訳もしくは翻訳を嘱託することができる」と定めているだけです）。地方検察庁においてはその通訳人の選定に関しては各現場に一任されている場合がほとんどですし、多くの場合は大学ないしは語学学校の教員など語学に明るい人材がその任を担っています(1)。

一方、海外の司法通訳事情に目を向けると、アメリカ合衆国においてはその移民・多文化事情も手伝い、法廷通訳認定制度は我が国に比べて圧倒的に整っているといえます。州レベルではカリフォルニア州が「法廷通訳資格認定試験」や研修制度を整備することにより、高水準の通訳人の確保を試みています。また連邦レベルでも1978年に制定された「連邦裁判所通訳人法」において、連邦地方裁判所における司法手続きの当事者、または証人で、英語の理解能力不足のため司法手続きを理解するのが困難と認められる者に対しては、通訳人を使用する権利を規定しています。選任される通訳人については連邦裁判所の事務局長が能力認定の制度を整備・運営し、裁判官はこの制度により法廷通訳人資格を認定された者の中から通訳人を選任することが定められています。(2) ちなみにこのカリフォルニア州の法廷通訳人資格試験の合格率は9％であり、連邦裁判所の裁判所通訳人資格試験の合格率は4％程度という専門知識と通訳の技量が大いに試される難関試験です。

我が国においてもしばしば法曹資格者や法学研究者から法廷通訳人資格認定制度の必要性が話題に上ったことがありましたが、いまだにその制度の積極的、具体的な検討には至っていません。

現行の通訳人の人選に関しては、各地方裁判所において通訳人名簿が用意されていますが、東京在住の私の法廷通訳人候補者登録の経緯を述べれば、1．履歴書および家族調書などの書類審査　2．要通訳事件の裁判を傍聴して感想文を提出　3．裁判手続きについての理解を深めるためのＤＶＤ視聴　4．裁判官が試験官となり、日本語から英語への裁判実務通訳英語口頭試験　5．日本語による面接試験、という段階を経て最高裁判所通訳人候補者名簿に登録されます。通訳人候補者名簿に登録されたのちは、要通訳人事件の裁判を多数傍聴することでベテラン法廷通訳人の通訳技法や、法廷における手続進行について学んでいくこととなります[3]。

私は最高裁判所通訳人候補者名簿に登載される前に、ある地方都市の検察庁で通訳人をしばらくしていたこともあります。司法通訳人として初めて座った地方検察庁の取調室の光景は今でもプリンターの位置まで鮮明に想い起こすことができますが、それ以上に決して忘れることができないのは被疑者が腰縄をつけられてドアから入ってきた瞬間です。当時私は既に法学修士号を取得していましたが、被疑者が被告人となるその場のその瞬間に、偶然ぽっと座ることになった私が立ち会ってしまう重みを受け止めることに必死でした。取調べの最後に検察官が読み上げる供述調書をとにかく厳密に厳格に一言も聞き漏らさずに、そして一語一句たりとも置き去りにすることなく訳すことに全神経を集中させていましたし、何度かの修正と読み聞かせを経て、被疑者が拇印を押してくれた時は心の底から安堵したことを覚えています。この司法通訳人としての初めての任務が、とても幸運であったと言わせていただけるならば、被疑者が私の聞き慣れた北米出身の白人英語話者であったということでしょう。それから多くの英語話者の司法通訳を経験しましたが、日韓共催ワールドカップの期間中に地方検察庁で通訳を担当した、イングランド出身のフーリガンの英語は相手に申し訳なくなるほど聞き返さざるを得ませんでした。

アクセントの強い、被疑者・被告人の通訳は要注意です。聞き慣れないアクセントでは事実の流れを理解はできても、事実の詳細、流れの詳細は言葉を重ねることによって表現される以上、細やかな語りを漏らすことなく聴き取らなければなりません。理解できない言葉が混在することは通訳人にとっては集中力を削ぐ結果となり大きな支障となります。そのような時、私達の日常会話はいかに顔や声の表情、そして暗黙の了解で成り立っているかを意識せざるを得ません。言葉と同時に、言葉以外の情報を交換しながら私たちは会話を成り立たせています。文字だけで構成される供述録取書については通訳人には日常会話をはるかに超えた、深い泉から湧き上がるような語彙力が求められるのです。

特に検察庁における司法通訳人の供述調書の即時口頭翻訳能力については、かなりの困難が伴います。そのことを考えると、司法通訳人採用時の総合的言語能力の事前評価は口頭表現のみならず、正確な文法に則った文語表現が可能であるかも重要な評価基準であると思います。過去の出来事を時系列に厳格に並べなおして再現していく。こうした過程の一端を担う司法通訳人にとって重要なのは厳格で論理的な英語表現能力であるからなのです。流暢な口語英語表現の能力だけでは解決することができない、事実の厳密な再現能力が求められるのが司法通訳人の言語運用能力です。現在の通訳人候補者登録の際に、日本人が一般的に苦手とする、時の経過に伴う事実の変遷を明確に記述する筆記試験を課すことはとても有効な策であろうと強く感じます。

2 「第一言語」とは何か？

小学校から「国語」を学んできた日本人にとって、「国語」とは「母国語」を指し、ほぼ唯一の「日常語」である日本語を指しています。司法通訳人は被疑者・被告人の「第一言語」に通訳するのが原則となっています。この第一言語とは多くの日本人にとっては聞きなれない表現ですが、現状では「第一言語」とは必ずしも当該人物の「母語」を指定しているわけではなく、担当通訳人が使用可能な言語と、被疑者・被告人が使用できる言語が最大面積で重なり合う言語を指しています。英語であれば多くの司法通訳人がいますので、「第一言語」と「母語」は一致します。けれども、例えばペルシャ語の司法通訳人は極めて数が限られています。そのような場合、被疑者が英語を理解することができるのであれば英語が「第一言語」となり、英語の司法通訳人が担当することとなるわけです。

実際に司法通訳人を選ぶ場合には、登録されている通訳人の中から、被疑者・被告人に保障されるべき取調べや裁判での公平性と平等性を考慮して、1．原則として第一言語による通訳人の確保　2．充分な通訳能力を持つ通訳人を配置　3．通訳人が中立で公平な見識と態度であることが認められる、という基準で通訳人が選定されることが理想であり、本来のあるべき姿であるとは多くの法曹関係者の共通認識であると思います。(4)

しかし、「第一言語」の解釈はなかなか難しいものがあります。最近担当した、ドイツ語を日常語として使用しているオーストリア人のケースでは、幼少の頃にアメリカで育ったということから、「第一言語」である英語で通訳をすることになりましたが（ドイツ語の通訳も充分な人数が確保できていません）、やはり、幼少期に学んだ英語だけではなかなか表現しきれず単純な表現に終始している、という印象を受けました。

では、「原則として第一言語」という条件は果たしてどの程度、実現されているでしょうか。既に述べたとおり、英語通訳人は比較的その人員の確保が容易ですが、希少言語の要通訳事件の場合や通訳人の確保が難しい地方都市の場合、その「第一言語」の原則はどのようにして実現されるべきなのでしょうか。

これまでの日本における言語教育と言語学習についていえば、北米とEU諸国を中心とするヨーロッパの諸言語に偏っていたと言えましょう。日本社会の閉鎖性と労働環境の過酷さから、最近特に入国者数が増加しているベトナム・タイ・ミャンマーなどの出身者は狭いコミュニティーを形成しがちで日本語をじっくり学ぶ時間的なゆとりを与えられることは稀です。貴重な少数言語を駆使して司法通訳人として活躍できるレベルの日本語修得は短期間で達成することは困難ですし、在留資格の新設により増加するであろう、特定技能外国人を含む「日本語を解さない」外国人の増加は、有能な司法通訳人の増員が否応なく求められ、厳しい現実に直面するでしょう。

グローバル化が進む現在の日本社会において常に「第一言語」の司法通訳人を探し出すことは至難の業です。実際に、地方検察庁でタイ人の取調べ通訳を英語で務めたこともありますが、検察官の質問は刑法に規定しているいわゆる犯罪構成要件というものを中心に据えていますので、比較的平易な表現の繰り返しを重ねることによって取調べの通訳をすることは可能でした。けれども供述調書の読み聞かせの場面では、簡潔かつ合理的にまとめ上げられた調書の文言を、意味とさらには威厳をも考慮して変換し、同等の長さの英語で被疑者に通訳することは簡単なことではありませんでした。被疑者の理解力を考慮して威厳を後回しにして意味の変換を最優先すると、どうしても長々と通訳することとなります。威厳などと思われる方もいるでしょうが、起訴・不起訴を決定する検察の調書に威厳を持たせるためにも、やはり使用する英単語は同等に格調高いものを使いたいと考えるのがプロフェッショナルな通訳人のこだわりでもあるのです。

「第一言語」原則が実現できなかった場合

「第一言語」の原則が実現できなかった場合、どうなるのでしょうか。

例えば、英語を通訳言語とすることが妥当（国家の主要言語の一つに英語が挙げられている国）であるとされているのは、最高裁判所事務総局刑事局監修『特殊刑事事件の基礎知識』によるとアメリカ合衆国、ジンバブエ共和国、トンガ王国、ジャマイカ、欧州連合、ナイジェリア連邦共和国をはじめとする61の国と地域に及びます。日本語を解さない被疑者・被告人のために司法通訳人が配置されるということは、日本語を当該人物のために解るようにして伝えるという趣旨ですので、「第一言語」という原則を最大限実現しようと努力しても通訳人を準備することがかなわない場合は最適解に一番近い通訳人、すなわち被告人・被疑者が「理解できる言語」を使用して通訳をすることになります。

通訳人の能力が高ければ、適切な表現を駆使して被告人・被疑者が理解できる表現を探し当てることは可能です。しかし、「第一言語」を話す通訳人であっても刑事手続きに無関心であったり、犯罪を構成する用語・事実に関して厳密な通訳ができないほうが問題は深いように思います。被告人・被疑者が理解できる言語で、権利の告知を確実にし、刑法で規定される要件に関係する弁護人や検察官からの質問を丁寧に説明し、描写するように通訳することが重要です。司法通訳人は言語能力に加え刑事手続に関する基本的な概念に強い関心を持つべきです。司法通訳で求められる言語能力は流暢さではなく、細かな要素の厳密な説明能力であると私は考えています。法律用語をそのまま他言語に置き換えるのではなく、法律用語の意味するところを「説明する力」「解説する力」が、司法通訳人にとっては重要なのです。

通訳言語選択に関する実際の運用は外国人事件用定型書式があり、通訳言語の照会書に対して回答書に記入提出する形で被疑者に法廷での使用言語を第二希望まで申告してもらうことになっています。あるいは本人がよく日本語を理解すると考える場合には通訳人は必要ない旨を回答することもできます。しかし以前、幼少期から日本に住んでいるフィリピン共和国国籍の被疑者の通訳に駆け付けたことがありましたが、通訳をしても全く英語を理解している様子は見受けられず、通訳人を付すことにより、被疑者にとって何らかの有利な展開が期待できると勘違いしているのではと怪訝に感じたこともありました。約20年にわたる司法通訳経験の中で、英語が母語である被疑者・被告人の割合はあまり高いわけではなく、特に最近10年に限ると40%程度であろうと思います。「第一言語」というのは必ずしも母語を指定しているのではなく、被疑者・被告人が司法通訳人を介して、刑事手続きの進行が理解できる言語で伝えられていたか否かを問うているのだと考えています。

では具体的にはどのような事例があるのか。通訳言語の選択について争われたいくつかの裁判例を基に「第一言語」の意味するところを見ていきたいと思います。

【事例1】

まず、被告人が英語を解するタイ王国人である場合に、英語による通訳人によって審理することに訴訟手続き上の違法はないとされた事例です。本件においては、その審理にあたり英語の通訳が付されましたが、被告人はタイ国人であり、母国語ではない英語で供述したので充分に意を尽くさなかった点があると主張したものです。参考までに、最高裁判所事務総局監修の『特殊刑事事件の基礎知識』ではタイ王国の主要言語として記載されているのはタイ語のみです。

〈判決要旨〉 タイ国に国籍を有する者に対する事件を審理するにあたっては、タイ国語に通ずる通訳人を選任して、日本語をタイ国語に、タイ国語を日本語に通訳することが望ましいのであるが、タイ国語に通ずる通訳人を得ることが極めて困難な現状においては、そのタイ国人が英語を理解しかつ話すことができる場合には、英語による通訳によることもやむを得ないところであり、これをもって違法な措置であるということはできない。（東京高裁昭和35・12・26判決[5]）

【事例2】

次に、被告人の母国語はペルシャ語であるのに、警察官の取調べ、供述調書の作成はすべて英語の通訳人を介して行われており、国際人権法上無効であって、警察官の供述調書には証拠能力がないと争われた事例です。同じく『特殊刑事事件の基礎知識』ではイラン（イラン・イスラム共和国）の主要言語として挙げられているのはペルシャ語だけです。

（判決要旨）　「市民的及び政治的権利に関する国際規約」14条3項(a)、(f)には、外国人はその刑事上の罪の決定について、「その理解する言語で速やかに且つ詳細にその罪の性質及び理由を告げられること」、「裁判所において使用される言語を理解すること又は話すことができない場合には、無料で通訳の援助を受けること」の保障を受ける権利を有することが謳われているけれども、ここで要請されているのは、「その理解する言語」による告知や通訳であって、所論のように「母国語」によることに限定されるものではない。（中略）要は、捜査官と被疑者との意志の疎通が図られれば足りるのである。これを本件についてみるに、被告人は通訳を介し「その理解する言語」である英語による取調べを受け、任意これに応じて供述しているのであって、右取調べはもとより適法であり、これによって作成された供述調書の証拠能力を否定すべきいわれはない。（東京高裁平成4・4・8判決）[6]

少しまとめてしまいますと、イラン人である被疑者に対する取調べ等が、母国語であるペルシャ語ではなく英語の通訳人を介してされた場合であっても、被疑者が英語を理解するときは、取調べは、市民的及び政治的権利に関する国際規約（いわゆる「自由権規約」「B規約」）の条項に違反せず、これによって作成された供述調書の証拠能力は否定されないとされたのです。

以上の2つの事例が示すように、通訳人が使用する言語は必ずしも被疑者・被告人の「母語」である必要性は認めていません。「母語」を理想としながらも、意思の疎通が図れるのであれば必ずしも母語でなくとも「理解する言語」で充分であるという運用が一般的、実務的でまた現実的であると思われます。「第一言語」というのは「理解できる言語」「意思の疎通が図れる言語」という意味として運用されているのです。前述したように、一番大切なのは被疑者・被告人に保証された権利を守りながら、丁寧に「説明」「解釈」することができる通訳人の存在です。また、司法通訳人の責務が充分果たされているかどうかは、後日確認できるよう、録音・録画を行う必要もあると考えられます。(7)

自由権規約の意味

司法通訳という仕事に携わりながら、もう少しの工夫で格段にこの仕事の質が向上するのではないかと考えていることもあります。

自由権規約2条1項に内外人平等と呼ばれる原則があります。この自由権規約は１９６６年の国連総会で採択された国際人権規約の一つで、身体の自由と安全、移動の自由、思想・良心の自由、差別の禁止、法の下の平等などの市民的・政治的権利（自由権）を保障していますが、日本は１９７９年にこれを批准しています。内外人平等の原則とは外国人にも内国人と平等に権利能力を持つことを認める立法主義のことですが、これを、さらにこうした取調べの場面のような処遇の面でもより推し進められないだろうかということです。

これまでは「理解できていれば問題ない」という意味での「第一言語」で司法通訳人の役割が考えられていましたが、「言葉を双方言語に変換している」だけで内外人平等の原則が実現されていると悠長に構えていてもよいのでしょうか。自由権規約が求めているのは「速やかに且つ詳細」に被疑者・被告人に必要な情報が提示されることが最善であるということです。これは端的には「外国人を差別しない」と解釈できるものでしょう。「差別しない」という本質的な意味は消極的意味合いでは外国人を日本人と同じ扱いにするということになるでしょうが、「外国人に不利にならない扱いをする」と、より積極的に解釈することが、自由権規約、ひいては基本的人権の尊重と国際協調主義を理念とする我が国憲法の精神にもかなうはずです。単に日本人と取り扱いの区別をしないのでは不十分であって、少なくとも言語の障壁をできる限り取り除く工夫を凝らしながら、外国人が日本人と同等の状況判断を日本人とできるだけ時間差なくできる環境を提供することが必要になります。

最近はインターネットの活用によって通訳においても「同時性」を確保できる時代となりました。もちろん、刑事事件という特殊な事柄ですから、一般に使用されているようなシステムをそのまま使用するわけにはいきませんが、特に少数言語に関しては優れた司法通訳人とインターネットを通じた同時翻訳運用を実施するなど大胆な情報通信技術（ＩＣＴ）の導入も検討の余地があるのではないでしょうか。実際、検察では２０２０年度からテレビ電話システムを全国の地検に配置し、遠隔通訳の運用が開始されることも報じられています。

3 通訳の正確性と公平性

通訳人に必要とされる条件

通訳人に必要とされる条件に関しては、様々な法曹人や学者からの指摘がありますが、その内容には多くの共通点があります。ここでは、要通訳事件の弁護人としての経験が豊富な東京弁護士会所属の関聡介氏と児玉晃一氏による「通訳を選定・評価する場合の基本的な視点[8]」を紹介しましょう。要通訳事件を弁護人として相当件数扱った経験から、通訳人に必要とされると認識された要素を指摘しています。

A 通訳の言語種類　①第一言語

B 通訳の資質・能力　②語学力　日本語に関する語学力

外国語に関する語学力

③法的知識

④本国の文化・制度・習慣等に関する知識

C　通訳の態度・立場

⑤公正・中立性

⑥忠実さ・正確さ

⑦利害関係の不存在

D　通訳との契約条件

⑧通訳料等の通訳条件

⑨守秘義務と職業倫理

E　その他

⑩通訳人の国籍

⑪通訳人の性別

Aの第一言語の問題に関しては、既に触れましたが、さらにはBの「通訳の資質・能力」とCの「通訳の態度・立場」について、特に通訳の正確性と公平性の面に関し、私の司法通訳人としての経験から考えてみたいと思います。

通訳の正確性に関しては、これまでも繰り返し主張されてきたところですが、正確性を高めるためには通訳人の語学力に加えて、法律の知識も必要不可欠な要素です。ともすると、どのくらいの長文英語センテンスを速記してメモを取ることができるかとか、英語の語彙サイズに司法通訳の能力の本質が潜んでいるなどと誤解されがちですが、通訳人の語学力と法律の知識に疑問を持つ声が見識ある法曹実務者から上がっているのは直視すべき現実です。

三木恵美子氏は弁護士の立場から通訳人に関して、「一切専門的な通訳の訓練を受けていないどころか、正規の語学教育を全く受けていない通訳人すらある」「法律上の知識という面では、圧倒的多数の通訳人は、殆ど知識を持っていないと言っても良い。刑事訴訟法の面においてだけではなく、実体法の知識もない。例えば、殺人と傷害致死の違いを知らない通訳人が、被告人は「刺したらその結果死んでしまった」と述べているにも拘わらず、通訳人が「刺し殺した」と通訳してしまったなどという例は枚挙に暇がない(9)」と、述べています。

三木氏の指摘は実に貴重な指摘で、実際多くの司法通訳人は外国語会話力を基準に仕事が与えられています。「最高裁判所通訳人候補者」として名簿に載っている、書類審査や面接を経た通訳人が法テラスの依頼を受け、国選弁護人と警察署に駆けつけることはあまりありません。全国の通訳人候補者の人数は２０１７年４月１日現在で62言語３８２３人しかいないのです(10)。

司法通訳人には、充分な日本語能力とターゲットとなる外国語の運用能力が必要です。

特に当該外国人の属する文化背景にまで絡み合わせて理解しており、さらに加えて法律的な考え方の素養があることが理想です。法律をよく知っている必要はありませんが、法律の独特で厳密なコトバの解釈について面倒がらずに丹念にターゲット言語で表現する能力は必要です。

もちろん、母国語の通訳人が付いてくれるのが理想ですが、それがかなわない場合もあります。「第一言語」による通訳の問題についてはすでに述べたとおりですが、その第一言語でも供述内容がうまく通訳されきれないケースを極限まで減らすためには、弁護人が事件の法律上のポイントについて通訳人に説明することが重要です。

経験が浅い通訳人は、勾留施設での接見通訳の場において、また検察での通訳の際に、どの様な事実の存在が当該事件にとって重要であるかが分からず、通訳の際に重要なポイントであることに気づかぬまま平板に通訳してしまうことがあるかもしれません。

実際、NHKの特集番組でも取り上げられたパキスタン人同士の抗争の末の殺人事件では、通訳の経験のない者が司法通訳人として従事し、検察官が使った「めがけて」という日本語表現の当該事件における重要さに全く気付くことなく、被疑者への通訳の際には「めがけて」を省略し、一方、検察官への通訳の際には「めがけて」であったことを肯定的に通訳していました。この通訳人は「ナイフを被害者の胸を「めがけて」穴（注：ユニットバスとトイレが一体化された小さなバスルームのドアの中央部に開けられた直径17・8センチ程度の穴）から入れた」という検察官のことばから「めがけて」部分を省略して被疑者に通訳をしていたのです。インタビューでは「めがけて」の意味が分からないとも答えています。

「めがけて」の意味が分からない通訳人でも、「そこに刺そうと思ってその方向にナイフを突き刺した」というように通訳人にも被疑者にも理解できる言い換え表現の使用は可能です。特に「故意」か「過失」かという法律上の判断で重要なポイントになる日本語については、「この部分はとても重要ですので、どの様な気持ちでやったのか詳しく聞いて下さい」とか、「この日本語の意味は特殊な意味を持っていますので、慎重に被疑者（被告人）に聞いて下さい」など、弁護人や検察官が注意喚起をしながら話を進めていくことが重要です。残念ながら司法通訳人と初めて仕事をする弁護士の中には、ただゆっくり話す程度の配慮があれば司法通訳人が自動的に被疑者に伝えると考えている方もいらっしゃるようですが、そのようにノンビリ構えていていただいて良いのはベテラン通訳人に当たった時だけでしょう。最近のように週に何度も法テラスから通訳依頼の電話が鳴る状況ではベテラン通訳も初心者通訳も大忙しです。経験も法律知識も乏しい通訳人が正確な通訳を求められてもそれに応えることはとても難しいことですし、最も厄介なのは、通訳人が法律用語であることさえ判断できず「近似値」で処理してしまう危険性です。

取調べの段階で、検察官は争点となる部分に関しては様々に緻密に表現を変え質問を重ねて正確な供述調書を作成しようとします。犯罪を構成する要素に関わる事実関係を明確にするためには一度きりの単純な質問で終わるはずはありませんので、同一内容の事象を様々な角度から分析するために、質問は微妙に変化して繰り返されます。その微妙な検察官の質問の差、つまり日本語のニュアンスの差を適切に表現するには両言語に対するかなり高度な運用能力と多様な表現方法を知っていることが求められます。

この点については、「外国人事件の法廷では、難解な法律用語を避け、「わかりやすい」表現を心がける傾向がある。裁判のありかたとして評価すべきだが、その前提として、各言語で同一または類似の専門用語があるかないか確認を要する。これは通訳人の責務だ。この程度の準備ができない者を法廷通訳人に採用すること自体が不適当だ」との指摘もあります[11]。

この指摘は、根幹的な権利である「黙秘権」の説明の際に俄かに具体性を帯びてきます。黙秘権とは自己に不利益な供述を強要されない権利（RIGHT）のことで、日本国憲法38条で保障されています。何人も刑事事件において自己に不利益、つまり刑事責任を問われまたは加重される基礎となる事柄の供述を強要されることはありません。しかし人権意識が浸透していない国から来日した外国人に、この「RIGHT」の概念を丁寧に説明するのは容易なことではありません。おまけに黙秘権の意義についての理解が十分でない司法通訳人であれば、単に「黙っててもいい」程度の説明しか行わない、行えないこともあるでしょう。また、例えば刑事訴訟法に黙秘権の概念がない中国出身者に対してこの権利を説明して納得してもらうことはより大変なことです。「通訳人の正確性」について通訳人自らが自信を持つためにも、基本的な法律の概念の修得は目指されるべきです。

充分な説明ができないということは「正確性」に疑問が残るということです。難しい法律用語で説明すると、被疑者・被告人も理解できません。被疑者にとって特に重要な警察署での面会の際には弁護人に法律用語の意味についてしっかり尋ね、理解した上で通訳すべきです。繰り返しになりますが、法律用語をそのまま他の言語に置き換えるよりも、その法律用語が意味するところを被疑者・被告人に説明する通訳力が求められており、刑事事件に関わる通訳人であるならば、刑事手続に関するある程度の知識は必要なのです。刑事訴訟法上の刑事手続きに関する被疑者や被告人に対する説明は詳細にわたる場合がありますから、基本的な手続きの流れに関する知識がなくては被疑者・被告人との信頼関係にも揺らぎが生じてしまいます。当然のことながら被疑者・被告人は、弁護士と司法通訳人のやり取りについてもしっかり観察しています。司法通訳人の能力不足は被疑者に不思議なほど伝わるのです。

日本に長期在住している外国人の中には何度か刑事事件で逮捕を経験している人もいます。そのような被疑者に「あなたはプロフェッショナルな通訳人ね」と褒められ、少し嬉しいような複雑な感情を覚えることもありますが、別のある事件では、前任の司法通訳人の技量に不信感をいだいていた被疑者が、これまでの経緯を休憩なしに5時間半にわたって語り続け、国選弁護人も私もくたくたに疲れ果てた経験があります。この時は英語を母国語としない日本に暮らす東欧出身の通訳人が、あるアフリカの国出身の在日10年以上の被疑者を英語と日本語を使用して通訳するという極めて言語的に複雑なケースでした。母国語どころか片言の英語と日本語でどうにかこうにかキャッチボールをするような難しい状況はこれからは、さほど珍しくなくなるのかもしれません。

法改正により2019年4月から東南アジアからの入国がさらに多くなることが予想さ

れますが、特定技能在留資格取得者の母国語は、これまでも通訳人の確保が難しかった言語でもあります。通訳人を連携させて、例えばタイ語から英語そして英語から日本語という3言語以上を連携させる通訳方法も積極的に採用することが「通訳の正確性」確保するために、これからは重要な要素となるでしょう。

司法通訳人の能力と裁判例

ではここで司法通訳人の能力に関する実際の裁判例も見てみましょう。司法通訳人の語学力の不足と権利の告知が不充分であったのではとの疑義が生じた【事例3】、そして司法通訳人の通訳能力には「丁寧な説明力」の存否が重要な鍵となるということが示された【事例4】です。

【事例3】通訳の語学力の不足が問題とされた事例

これは、フィリピン人女性である被告人が、高齢の被害者に対し、路上で暴行を加えて転倒させ、財布を奪った上傷害を負わせたとして強盗致傷罪で起訴された事案です。タガログ語を第一言語とする被告人の強盗致傷事件において、暴行の故意を認めた被告人の自白調書について、弁護人から供述拒否権の告知を受けていなかったことや、通訳人なしで取調べが行われたこと、さらには不十分な通訳のため調書内容がよく理解できなかったことからくる錯誤に基づいて調書に署名したことを理由に、証拠の任意性を争いました。

（判決要旨）　被告人は、延べ約6年間日本において生活し、日本人の夫と婚姻し、夫やその両親との会話や買い物の際はもっぱら日本語を用いて、特に支障なく生活していたことが認められる上、（中略）被告人質問の際も、弁護人や検察官の質問に対し、通訳を介さずに直接日本語で答える場面が多くみられたことをも併せ考えると、被告人は、取調べ当時、法律用語等複雑な事項については別として、日常会話程度の日本語は相当程度理解するとともに、辿々しいながらも一応使いこなすに至っていたと認めてよい（中略）。したがって、捜査段階の3人の通訳人の通訳能力が高いとは認められず、通訳を担当した者ですら、複雑な日本語のやりとりについては、これを完全に理解して返答したか疑問が残るものの、通訳人らの不正確な通訳により被告人が調書の内容を理解できず、錯誤によって署名指印したとの弁護人の主張は採用できない。（札幌地裁平成11・3・29判決(12)）

【事例4】通訳の正確性を認めた事例

そして、弁護人が、検察官が証拠調べ請求をした被害者の司法警察員に対する供述調書、目撃者の司法警察員に対する各供述調書につき、その特信性、殊に供述録取における通訳の正確性を争った事案です。

（判決要旨） 供述調書は、秋田大学に留学中の台湾国籍の学生Aを通訳人として録取されたものであるところ、Aは、約2年前から同大学に留学中の26歳くらいの男子で、日本語による通常の会話が自由にできる程度の日本語能力を備えていること、日本語で録取した調書は、一文毎にAが中国語で通訳し、供述者である被害者に真偽を確認したうえ、同人に署名指印させたものであることを認めることができる。証人C〔司法警察員〕の当公判廷における供述によれば、（中略）Aの日本語能力についてのCの印象は、（中略）D〔目撃者〕の供述を録取中、Aの通訳については格別の不便を感じなかったのみならず、その録取の過程で、Aを通じてDから、一旦録取した供述内容の一部について訂正の申し出があり、Cにおいて、その申し出に従って録取内容を一部訂正したこともあること、一方Bは、１９３８年2月生まれの台湾出身者であって、戦時中小学校で日本語を学んだことがあり、日常の会話は概ね日本語で行いうるだけの能力を有すること、右供述の録取に際し、Cは、（中略）Dの供述内容をそのまま通訳するよう繰り返し注意を喚起した外、質問内容が正確に伝達されていないと思われた場合には、その内容が正確に伝達されるまで表現を変えるなどして質問を繰り返し、質問の趣旨に対応する供述が得られた時点で、その内容を順次録取し、録取完了後、その調書につき、一文毎に、その内容を証人に理解させた上で中国語で通訳させ、しかる後にDをして調書に署名押印させたものであることを（中略）認めることができる。従って、右各供述調書は特に信用すべき情況のもとで録取・作成されたものと認めるべきであるところ、（中略）各供述者が国外におり、且つ其の供述が犯罪の存否の証明に欠くことができないものであることを併せ考えると、右各供述調書は、いずれも刑事訴訟法321条1項3号所定の証拠能力を具備するものというべきである。（秋田地裁平成3・5・1判決[13]）

【事例3】及び【事例4】の裁判例においては、任意性または証拠能力が認められていることからも、当該事案の通訳の能力が一応は認められたものと考えることができます。しかしながら、通訳の「能力が認められた」ことと、通訳に「能力が十分備わっていた」こととは同一の内容を示すものではありません。【事例3】における通訳人は警察庁国際捜査研修所において1年半程度のタガログ語の研修を受けたにすぎない警察官でした。捜査段階のフィリピン人通訳人も日本語の日常会話には苦労しない程度の日本語力でしたが、日本の法律制度に関する知識や通訳の経験には乏しい人物でした。また、【事例4】における通訳人Aは、判示からは丁寧な翻訳態度は窺われるものの、日本に住み始めて2年の大学留学生であり、通訳人Bは1938年生まれの台湾人で、第二次世界大戦中に、小学校で日本語を学んだ経験がある程度の日本語運用能力しか持ち合わせていませんでした。【事例3】【事例4】の、どの通訳人も、はたして刑事手続き上の司法通訳人としての責務を充分に果たす言語能力を、言い換えれば「正確な通訳」を提供できる言語能力・法律知識を有していたと考えるには、いかにも心許無い言語経験であったと言わざるを得ないですし、このレベルの通訳能力で刑事事件の証拠と認定してよいのかという疑問がよぎる事例ではあります。(14)

通訳人の公平性・中立性

さて、通訳人に求められる能力について、言語的要素、正確性の要素という2つの要素を統合的に機能させるために必要な3つ目の要素は通訳人の公平性・中立性にあると断言できます。公平性・中立性をしっかり確保することなしには、いかに言語能力・正確性が実現されていようとも、捜査の恣意性への疑義の余地が生じることとなります。通訳の現場では、通訳対象言語に対応する適切な単語がないとき、また被疑者・被告人の法律知識不足のために通訳内容の意味を押し広めて説明を付け加える必要が生じることが少なくありません。しかしこのような場合はあくまでも目の前の発話者、つまり警察官・検察官・弁護人・判事・裁判官・被疑者・被告人の了解を得て、分かりやすく説明する必要が生じていることを逐一伝えるべきですから、通訳人自らの判断での省略・付加は、当たり前のことながら認められません。

この通訳人の一般的な公平性・中立性を確保するためには、通訳人が捜査機関、あるいは被疑者・被告人との間に利害関係が全く存在しないことが最低限の要件ですが、最近、少数言語のコミュニティーの狭さに由来する独特の問題がこの公平性・中立性に影を落としつつあります。例えば、ポルトガル語の通訳人がいる地域は日本国内においては片寄りがあります。また北海道には実践的なロシア語教育を通して通訳を育てている大学もありロシア語に明るい人材は本州よりも多くいるように思われます。こうした司法通訳人を確保しづらい言語については、遠隔地をネットでつなげる通訳方法も便利かもしれません。そのような意味合いからも、広域的にＩＣＴなどを利用した有能な司法通訳人の配置を積極的に検討すべきであるように思うのです。またその際には、あくまでも被疑者・被告人・通訳人の表情が同時に確認できるアングルを確保した上で、録音・録画し、検証可能な形にしておくこともやはり重要であろうと考えます。

通訳人の「善意」の暴走

通訳人の公平性に関しては、また別の問題もあります。

先の三木恵美子氏が「一部ではあるが、通訳人として専門性と倫理観に欠ける通訳人も現存することは否定できない。例えば、公判廷の通訳が、公判廷での被告人の供述を聞いて通訳する際に、あなたが捜査段階で述べていたことと違うことを言っているのではないかと被告人に怒鳴りつけるという例すらある。このような通訳人が、一部ないしは全部否認事件、殊に捜査段階では認めていて公判廷において否認する事件についた場合には、被告人の防御権は全く存在しなくなってしまう」と述べているような事例です。[15]

司法通訳人に法律の基本的知識が欠けている場合に、このような事例が起こることは容易に想像できます。また三木氏は「通訳人の善意の暴走を避ける」ために、「通訳人が被疑者被告人に対して通訳以上の感情を持たないように、通訳人の規範を確立しそれを徹底するべく、法曹関係者は努力しなくてはならない。（中略）第一義的には通訳人自身の倫理観と姿勢の問題である。しかし、同時に法曹関係者は、このようなことを通訳人が行わないように、問題意識を持ち、注意を喚起して」いかなくてはならないとも述べています。[16]

特に少数言語の通訳人は日本国内の小さなコミュニティーで生活をしています。通訳人としての守秘義務については知識としては了解していながらも、複雑な人間関係の中でその義務を履行しづらい環境に置かれている場合も少なくありません。そして通訳人に法律の素養が乏しい場合も、法律による適正な手続きの意義が理解できず、自己の感情の吐露を、取調べあるいは裁判で挟み込んでしまう危険性があることも否定できません。司法通訳人に、法律による適正な手続きが司法の根幹にあることをきちんと理解してもらうためにも、法廷通訳人セミナー[17]などを活用してコミュニケーション能力、識見、秘密の保持能力、誠実で真摯な通訳態度といった司法通訳人としての根幹的資質を繰り返し確認する必要があります。

では最後にもう一つ法廷通訳人の正確性や公平さに疑問があるとされた【事例5】も紹介しましょう。

【事例5】

香港在住の外国人であるA・B・Cが、Cがかつて働いていた毛皮製品販売会社社長宅へ侵入し、家人を脅迫し金員を強取しようとしたが、騒がれたため逃走しようとしたところ、抵抗した被害者に傷害を負わせ失血死させた事案です。本件で特に注目されたのは法廷通訳の正確さや公平さに関する判示です。この判決は、捜査の段階の通訳人が法廷の通訳人に選任されたことは決して望ましくないが、それ自体直ちに違法とはいえないとしながら、通訳の正確性や公平さに具体的な問題があると判示しています。

（判決要旨）　弁護人は、その唯一残されていた判決宣告期日の録音テープによっても、通訳人は重要な判示部分についての通訳をしておらず、また、判示と異なる意味に通訳しているとして具体的にその部分を指摘し、右のような誤った翻訳がなされた原因について、①被告人の言語である広東語は方言があり、翻訳するのに容易ではないこと、②通訳人は日本語の理解力及び広東語の語学力不足、③判決文の分かりにくさを指摘し、④そして、本件の最大の問題点として、原審で裁判所が選任した通訳人が捜査段階から一貫して通訳している者と同一人物で、事件について予断を有し、判示部分について勝手に取捨選択したり、誤解して通訳している、と主張している。（中略）当審提出の検察事務官作成の平成元年1月17日付け報告書によれば、通訳人Fが被告人と領事館の係官との面接の結果を捜査側の検察事務官に供述している事実も認められる。（中略）原文にある「都比我多還更清楚他的能力」を「彼の能力は明晰です。」と訳しているが、これは明らかに誤訳であって、前後の文章からして「彼の能力がどのくらいあるのかについては私よりわかると思います」と訳すべきものである。（中略）原審審理上の問題点も考慮すると、この際事件を原裁判所に差し戻して必要な証拠調べをし、その上で事案の本質を解明し、共犯者との刑の均衡等も図って適切な裁判をするのが相当である。（大阪高裁平成3・11・19判決）(18)

この裁判例は、司法通訳人の公平さの在り方、そして法律における厳密な解釈の積み重ねの大切さについての示唆に富んだ指摘であると思います。司法通訳人の根本的な姿勢についての司法からのアドバイスと受け止め、司法通訳人は研鑽を積むべきでしょう。加えて、録音の重要性についても触れられている貴重な裁判例です。

なお、【事例5】に関しては弁護人が90歳を超える高齢であったことも問題として挙げられています。体調不調のために充分な接見が行えなかったのです。国選弁護人との接見を体験して実感することですが、被告人によっては拘置所での接見を頻繁に望む場合もあります。司法通訳人は、弁護人が拘置所と調整した時間に合わせて可能な限り接見に同行しますが、どの仕事であっても同じように、この仕事も最後に最も重要となるのは体力であるといつも感じます。特に来日外国人の刑事事件については、日にちの経過とともに被疑者・被告人に落ち着きが見られるようになります。事件の細かな部分についてしっかり語り始めるのには弁護人そして司法通訳人との信頼関係が生じてからであることが多く、時間がかかる場合もあります。【事例5】においても、充分な接見が行われていれば被告人の弁解を聴取することも可能であったとも考えられます。そのような展開があれば、本件の結果は違うものになっていた可能性が否定できないのは、要通訳人刑事事件が抱える共通の問題点であるといえましょう。

資格認定制度の不在という問題

日本においてもしばしば法廷通訳人資格認定制度の必要性について論議されることはありましたが、その制度の実現には至っていません。「資格制度不在」の中で、外国人被疑者に対する取調べの際の黙秘権・弁護人選任権等の告知が十分でなかった事案についての裁判例等にも基づきながら、私が考える司法通訳人に必要な法律基礎知識の司法通訳人への教育の重要性、そして被疑者・被告人に対する我が国の刑事手続きに対する説明の必要性について、ここでの結びとして強調しておきたいと思います。司法通訳人の現場に立ちながら常に感じている私の想いです。

1．少なくとも供述調書の読み聞かせの段階については、これを録音テープに収めるなどして、後日の紛争に備えるべきである。

2．希少言語通訳事案の場合には特に正確性を担保する方策として録音等の手段が積極的に考慮されるべきである。

3．刑事訴訟法の手続きを説明する必要性は高い。身柄拘束を受けたのち、被疑者・被告人としてどのような手続きが進められていくのかを知らしめる必要がある。

4．「黙秘権」等の重要な説明には、その「黙秘権」がどのような権利であるかの説明に加え、司法通訳人が「黙秘権」がなぜ重要であるのかを、弁護士、検察側からの指示を受けた上で説明すべきである。「黙秘権」等は裁判の全過程に関わる重要な概念であり、それが実現しようとする権利の保障の意味を総合的に説明する必要がある。

5．我が国における刑事手続きの流れをその都度、段階に応じて説明することが重要である。

II　プロフェッション
としての司法通訳

ある陸上競技の世界大会の生中継で、レースを終えた直後のジャマイカの有名選手に日本のキー局の男性アナウンサーが「フォー　バイ　フォーハンドレッド？」とマイクを向けました。この質問に対してジャマイカの有名選手は「とにかくベストを尽くすだけだ」と応じて、足早に控室に去っていきました。私はこのやり取りを聞いて『究極の3単語通訳』という表現を思いつきましたが、それから数か月後に「英語は3単語で話せる」というような本の宣伝を電車の吊り広告で見かけ、やはり3単語でかなりのことが表現できるのだと意を強くしました。アナウンサーは語尾を上げることにより、質問であることを明確にし、顔の表情で相手への期待感を表現し、「次の出場種目である4×400メートルではどのように戦いますか？　期待してます」というメッセージを3単語で表現したのでした。ジャマイカの選手にも、ライブ中継で見ている日本人の視聴者にも、ストレートに伝わり、その場とそのタイミングとその表情であればその意味にしか解釈できないという究極の以心伝心ともいえるべき通訳のかたちを目の当たりにしました。

私が司法通訳人として仕事をする時に、20年前から心掛けていることがあります。私の口から出ていくコトバは私の意志とは全く無関係であるであるという意識を常に持つことです。ですから被疑者・被告人とは決して視線を合わせないことをモットーとしています。人間は視線を合わせて言葉を発している相手と会話をしていると考えがちですから、司法通訳人としての責務に徹するためには接見室の分厚い透明プラスティックのすぐそこにいる被告人とは視線を合わせることがあってはならないと考えています。警察署の面会室で不安げな視線をこちらに向ける被疑者とも視線を合わせることは決してありません。そしてさらに私の口が発するコトバの主体は通訳人である私ではないことを明らかに表明するため、私は隣に座る弁護士とも目を合わせることも可能な限り避けることにしています。日本語を理解できない被疑者・被告人にとって、司法通訳人と弁護士が視線を合わせながら、理解できない会話を交わしていること自体が、不信感を持たせる要素となるのではないかと危惧するからです。

司法通訳人は弁護人からも被疑者・被告人からも中立な立場を保つ必要があります。視線を送るだけで多くのメッセージを送りあうことが可能な言語もあります。司法通訳人にとって重要な中立性・公平性は、ちょっとした仕草にさえ影響されてしまう可能性があることを心得ておくべきだと思います。警察署で、もう二度と面会室を訪れることがないと決まった時、拘置所の接見室で一審の公判日時を伝えその後の手続きを説明する国選弁護人のコトバを通訳し終わり立ち上がるときにだけ、さよならの視線を合わせるのです。

言葉の「置換」か「解説」か

さて、司法通訳人の通訳は言葉の「置換」でしょうか「解説」でしょうか。

多くの場合、通訳者は通常2言語間で単語を「置換」していると考えられています。法廷通訳人が典型的に言語の「置換」をするのは裁判所に提出する弁護人や検察官から提出される資料です。つまり法律用語が多く使用されている文書の翻訳の場合は厳密な「置換」が求められます。また、法廷で交わされる言葉についてもできるだけ「置換」するようにしています。法廷では特定の法律要件や事実に焦点が当てられたり、短い質問が繰り返されることが多いわけですから、なるべく質問の長さやそれに対する応答の長さと通訳の発する言葉の長さを同等にするためには双方の言語を単語レベルで置き換える必要があります。同様に検察での取調べでも、特段、検察官から被疑者に説明するように求められない限りは「解説」をすることはありません。特に検察官が事情聴取した相手から聴いた供述の内容を記録した、いわゆる「検面調書」(検察官面前調書)の読み聞かせの場面では、起訴状作成と直接関わる既に極限まで練られた段階ですから、検察官が発する言葉を単語単位で忠実に日本語から英語へと変換します。

しかしながら、警察署での面会室での通訳は、逮捕されたばかりの混乱した被疑者を目の前にして弁護士の言葉を伝え、被疑者の様々な角度からの疑問を弁護士に伝える際にも、英語でも日本語でも単語の双方向の「置換」に加え、単語の意味するところの「解説」を加味した通訳が必要です。本章では、現場ごとで使い分ける通訳方法の重点の置きどころについてお話してみたいと思います。

2　現場における通訳人の任務

来日外国人犯罪の現状

まず、ここで来日外国人犯罪の統計に基づく情況について触れる必要があるでしょう。

来日外国人犯罪は、検挙件数については２００５年をピークに、そして検挙人員についてはは２００４年をピークに減少に転じています。２０１７年（平成29年）は検挙件数が１万７００６件、検挙人員は１万８２８人とそれぞれ前年よりは増加しているものの、２００５年の検挙件数が４万７８６５件、２００４年の検挙人員が２万１８４２人ですから、検挙件数は35・５％に、検挙人員は50・０％に減少しています。

また、来日外国人による犯罪には組織化の傾向があります。[20] この傾向は近年一定して見られるところです。来日外国人犯罪の組織化の状況に関しては『警察白書』等が詳細な数字を示していますが、２０１８年中の来日外国人による刑法犯の検挙件数に占める共犯事件の割合は34・２％（ちなみに日本人の共犯割合は10・６％）、さらに罪種別に見ると、住宅を対象とした侵入窃盗では73・８％（日本人共犯割合16・５％）にも上ります。[21]

このように来日外国人による犯罪は、日本人によるものと比べて多人数で行われる場合が多いことは確かですが、平穏に暮らす大多数の善良な市民に対する脅威となり、外国人の増加が地域の犯罪増加に直結するとの短絡的な解釈が独り歩きしがちです。[22] 実際に、２０１７年11月に内閣府政府広報室が実施した「治安に関する世論調査」の概要によると、「日本は安全・安心な国か」との質問に80・２％の人が「そう思う」と回答していますが、「警察に力を入れて取り締まってほしい犯罪」については32・０％（複数回答）の人が「来

来日外国人犯罪の検挙状況（2000～2018 年）

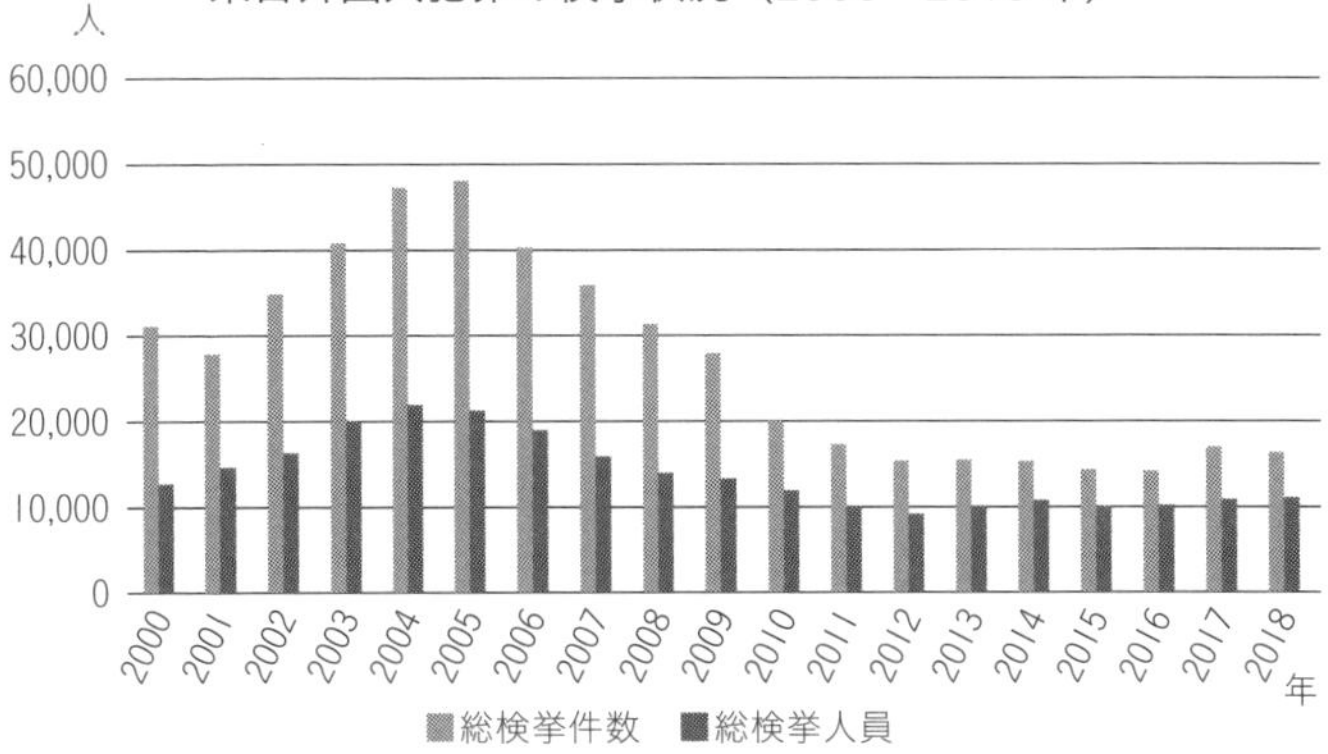

出典：警察庁「平成 30 年における組織犯罪の情勢〔確定値版〕」（2019 年 3 月）（https://www.npa.go.jp/sosikihanzai/kikakubunseki/sotaikikaku04/h30.sotaijousei.pdf）80 頁以下を元に筆者作成。各年の詳細な数値は本資料に掲載されています。

被告人通訳事件における通訳言語の割合（2017 年）

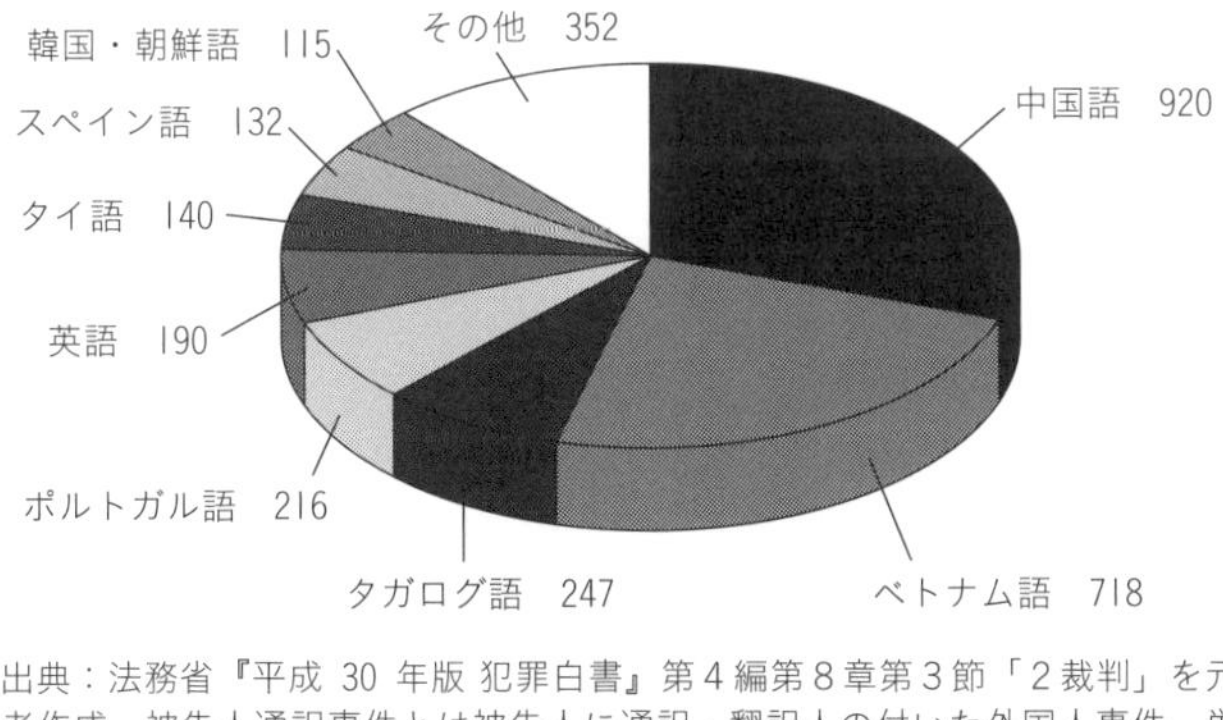

出典：法務省『平成 30 年版 犯罪白書』第 4 編第 8 章第 3 節「2 裁判」を元に筆者作成。被告人通訳事件とは被告人に通訳・翻訳人の付いた外国人事件。単年度の割合にすぎませんが、被告人通訳事件の終局人員は 3,030 人、通訳言語は 36 に上ります。

日外国人による組織犯罪」と答え、32・7%（複数回答）の人が「国際テロ組織などによるテロ行為」を挙げており、日本の安全・安心を保証するためには来日外国人による犯罪や国際テロへの積極的な政策立案が重要であると捉えている国民が多いことが分かります。

要通訳人事件とグローバル化の波

裁判における要通訳人事件の数字についても触れるべきでしょう。『犯罪白書』[23]によると、2017年における外国人が被告となる事件の有罪人員は3780人で（正確には第一審での有罪人員）、全有罪人員総数に占める比率は6・9%でした。そのうち、被告人通訳事件（被告人に通訳・翻訳人のついた外国人事件）の人員は3030人です。これは前年比14・2%増となっています。通訳言語は36にも及びます。通訳言語別に示すと中国語30・4%、ベトナム語23・7%、ポルトガル語7・1%、英語6・3%、タガログ語8・2%、タイ語4・6%、スペイン語4・4%、韓国・朝鮮語3・8%という比率になっています（前ページの円グラフを参照）。罪名は窃盗が一番多く、次に傷害・暴行が続きます。

ここで詳細な考察を加えることは避けますが、同じく2017年の来日外国人被疑事件の検察庁新規受理人員の国籍等別構成比をみると、中国が30・5%、ベトナム22・2%、韓国・朝鮮7・9%、フィリピン6・8%と続いています。

また、2017年における来日外国人犯罪少年の家庭裁判所送致人員を国籍等別に見ると、ブラジル168人（25・0%）、フィリピン129人（19・2%）、中国114人（17・0%）、ベトナム76人（11・3%）となっています。外国人非行少年が日本社会の中で生活していくことに想いを寄せるならば、矯正教育の内容にも積極的に目を向けていくべきでしょう。[24] 特に外国人非行少年の日本における健全な成長を促し、長期的視点から日本の社会における本来の意味での社会構成員となるように適切に導いていくためにはパターナリズム[25]的な司法的支援に加えて行政との協働を積極的に考慮する必要があります。

一方、高齢化の波もひたひたとそして深く進行しています。司法通訳の仕事をしていると、グローバルな社会の縮図を見る思いです。高齢者が絡むロマンス詐欺や海外の貧困層が少額の報酬に惹かれ違法薬物の運び屋に仕立て上げられるなど、国境を越えた高齢化や格差の問題がじわじわと日本に押し寄せていることを目の当たりにして、世界的貧困の拡大がもたらす犯罪の増加にしっかりと対処する必要性は待ったなしだとの感を強くします。

また、私が出かけることが多い都心の警察署では明らかに違法薬物に関わる事件が驚くほど増加していることを感じます。それも若者ではなく高齢者の域に属する外国人、来日外国人による事例がほとんどであり、世界共通の犯罪パターンの広がりにネガティブな方向でのグローバル化が見えてきます。

政治や経済の世界ではグローバリズムの反動としてのナショナリスティックなムーブメントが顕著ですし、私の大学教員としての視点から見ても、留学生と日本人学生との間の融合は思いのほか進んでいません。留学生は出身国ごとにグループ化されていて、日本人学生との交流は限定的です。就職も容易ではありません。日本人や日本社会に受け入れられない感覚を持ちながら大学生活を送る若者たちの夢がしぼんでいくのを見ているとヨーロッパや米国の現状が日本の未来図でないことを願うばかりです。

通訳人としての現場では、日本社会と隔絶された環境の中で、この日本に歴然と存在する闇の社会に、生きる場を見出す外国人を多数見ています。格差社会が深刻な問題となっている日本ではありますが、２０１１年の東日本大震災の折には決して豊かではない国々からも支援が届いたことを常に心の片隅に置き、自らの意志でこの日本の国に住み続けようとする外国人に公平な眼差しを向けていきたいのです。

3つの段階の役割

さて、ひとくちに刑事訴訟法における司法通訳人の役割といっても、「通訳する内容」の重心が各段階において微妙に異なります。したがって、通訳人も自らが関わっているその局面が刑事司法手続きの一連の間断なきクリティカルモメントの流れの中にあることを常に理解している必要があります。

具体的には、

・警察留置施設における国選弁護人の通訳
・検察官の通訳
・法廷における通訳（刑事事件）

の各状況においては、その通訳行為の「重心」がどこに置かれるのかが異なることになります。筆者の通訳実務の実際を踏まえて以下に示しながら、警察、検察、裁判所の実務専門家が通訳の役割についてどのように認識、そして通訳人に何を期待しているかについても紹介してみましょう。

3　留置施設における国選弁護人の通訳

手続きの流れを的確に説明する重要性

警察署の中の留置施設に収容されている被疑者にまず説明しなければならないことは、これから被疑者が通過するであろう刑事手続きの流れについてです。場合に分けて、そして的確に「説明」できなければなりません。刑事訴訟法に基づいた、あくまでも「一般的な流れ」を「ターゲット言語」、つまり「被疑者が申請した使用希望言語」に置換するのです。[26] 流れの一般論は「決まり」であり、どの被疑者にとっても共通の枠組みです。もちろん司法通訳人は弁護人に同行して留置施設に赴きますので、弁護人が説明する内容を通訳することとなるわけですが、限られた時間の中で、「一般的な手続き」ですのでこれを予め理解し、丁寧にターゲット言語で説明する準備ができていなければなりません。

しかしながらその枠組みの中のどこを通るかは、それぞれの事案によって異なります。留置施設で被疑者と面会する弁護士は、法律の条文と知識を駆使してその被疑者になるべく有利になるように状況分析を加えていくわけです。ですから、ここでその弁護士に同行

警察署の接見室。ここで被疑者、弁護人と相対しながら通訳を行うこととなる。
写真は、愛知県警中警察署の留置場接見室（時事）。

を依頼された通訳人は弁護士の「語りの内容」を「解説」できることが求められます。弁護士は被疑者が望む形になるべく近づけた形で事案をまとめあげようとするわけですから、様々な可能性を求めて細やかな表現を厳格に使い分けます。そのような場面では通訳人は弁護士の言葉を「解説」する必要があります。すなわち弁護士の意図を伝えるためには単に単語をターゲット言語の単語に置換するだけでは不十分で、弁護士の発語を「解説」する通訳が必要となるのです。ここでは弁護人が使う「法律用語」を解説しながら通訳することも当然含まれます。通訳人に「法律」の知識がなければ、その場で弁護士にお願いして解りやすい日本語に言い直してもらうこともできますが、弁護士は法律用語を使いながら、最も適切な事案処理の過程を頭の中で想定しながら会話を進めていきます。そのような場面で弁護士の一連の思考回路の足手まといとならないためにも、通訳人にはかなりの法律の知識を基本解説書などに求めて自学自修し、自信を持って通訳できるように自らの技術を磨くことがとても大切です。また、「説明」(27)する部分と「解説」(28)する部分が混在しないことも求められます。再び黙秘権を例にとるならば、黙秘権とはどのような権利であるか「説明」できる能力と、黙秘権は刑事手続きの中でどのような重要な意味を持つのかを「解説」できる能力が必要であるということです。こうした例を一つとってみても、司法通訳人の仕事は単なるコトバの置き換え作業ではないことがお分かりいただけると思います。

4　検察官の通訳

コンデュイット（conduit）というイメージ

クラウディア・V・アンジェレリ氏は様々な態様の通訳人の役割について、『通訳人の役割についての再考察』の中で詳細な検討を加え、通訳人の役割について古くて新しい「通訳人は透明な存在か、文化の伝達人か」[29]という議論に一石を投じていますが、日本の司法通訳人の在り方として、「通訳人は中立で正確」であるという法曹や専門家からの最大の要請が依然としてあります。できる限り通訳人には「透明であってほしい」[30]というのが日本における司法通訳人に求められる姿でしょう。通訳人というconduit（物質が流れていく管）を通して2つの言語の間を行ったり来たりするイメージが従来よりあるように思います。

私の経験から言えば、検察官の通訳人はconduitのイメージに限りなく近いと思います。検察官の判断で被疑者は起訴か不起訴かが決定されることとなります。検察官が書きあげる供述調書[31]は簡潔で、起訴を決定づける判断は通常、複雑な表現とはなりません。また、検察官による被疑者の取調べは「起訴に値する事実関係の存在の確認」が中心となります。ですから通訳人の役割は、絞り込まれた事実認定を確実なものとするための検察官の確認作業の補助業務であると私はとらえています。これの意味するところは検察官の代弁者ではない、あくまでも検察官が確認したい事柄を検察官と被疑者との間の双方向のやり取りのconduitとなり、その役割を果たすという考え方です。

検察官が求める通訳人の在り方については亀掛川健一検事も次のように述べています。「起訴に値する事実関係の存在の確認」の補助こそが検察における通訳人の役割であるという私の考え方と重なります。

「検察庁で殺人事件の通訳をお願いするときに、通訳の皆さんに何を頼むのかというと、事実の通訳だと思います。「いつ刺したの」とか「どうやって刺したの」とか、「何をやったか」という事実を尋ねることになります。その事実を尋ねていく中で、人を殺すつもりで人を刺さなければ殺人とはならないので、いわゆる殺人罪の「故意」という概念ですが、この「故意」について質問することがあります。その場合も基本的に尋ねるのは「故意」の有無に関する事実を尋ねるのであって、「故意」とはどういう概念かということを被疑者に説明して理解してもらうということはほとんどないだろうと思います。

実際は、どのような気持ちで人を刺したのかという事実を聞くことによって自然と故意の有無が明かになっていくのであって、法律の概念としての「故意」というのはあまり通訳される必要はないだろうと思います(32)」

亀掛川氏が述べているように、「故意」であるか否かは「単語」が決定するのではなく、あくまでも通訳人が仲介して明らかになるその「行為の態様」が決定するといえましょう。けれども、プロフェッショナルな司法通訳人であるならば、ここで重要なのは、通訳人が「故意」という法律概念を把握しながら通訳しているか否かです。「故意」とはなにかと被疑者に説明することは求められてはいなくとも、通訳人自身が「故意」とはどのような法律概念であるかを理解していなければ、「中立」で「正確」な通訳ができるとは考えにくいのです。(33)

5　法廷における通訳

「驚異の技」を披露するのか?

では、法廷における通訳人の役割とはどのようなものでしょうか。多くの日本人が知る刑事事件の法廷はテレビドラマで、冷静な裁判官を前に検察官と弁護人が激しく意見を闘わせる場面です。ドラマ仕立てではそのようになる場合が圧倒的に多いですし、報道で取り上げられるような注目事件においては、そのような場面がないとは言い切れません。しかしながら一般的な要通訳事件においてはそのような光景を見ることはありません。東京地方裁判所だけでも毎日、おびただしい数の法廷が開かれていますが、実際の圧倒的大多数の刑事裁判は、第一回で結審します。起訴状朗読で始まり、検察官の論告求刑、そして弁護人の最終弁論、被告人の最終意見陳述まで終わり、争いがない場合は次の公判期日に判決が言い渡されます。検察官も弁護人も決められた時間内にかなりの内容を述べなければならないためにかなりの早口で用意した文書を読み通します。

実は法廷通訳人の主な仕事はこの場面で検察官と弁護人の大量の陳述を離れ業の早口でワイヤレス通訳システム(34)を使用して「同時に用意した文書を読み進める」場合がほとんどなのです。「法廷通訳人」というと、多くの人はその場でやり取りされる大量の法律専門用語をその場で英語に置き換えるという「驚異の技」を披露していると思いがちです。しかしながら、法廷通訳人の役割はいわば「法廷翻訳人」としての仕事が大半であることが多いのです。前述したように、通訳人には法廷期日の2日前、あるいは前日に検察・弁護人双方から提出される膨大な文書を翻訳するという重労働があります。検察と弁護人の法廷期日における求刑・弁論全文を英語に翻訳[35]しておく仕事です。厳しい時間的制約の中で威厳ある簡潔な文章で、そして複数の解釈が起きないように単語を厳密かつ慎重に選択しながら翻訳していく作業は実際にはかなり高度な法律知識を必要とします。用意した翻訳文は当然のことながら検察の論告求刑、はたまた弁護人の最終弁論が開始したと同時進行で通訳人も読み上げることになります。

『日本人の法意識』[36]の中で川島武宜教授が谷崎潤一郎の論及したところを指摘していますが、日本語を英文に直すということは「原文で六行のものが、英文では十三行に伸びてゐます。それもその筈、英文には原文にない言葉がたくさん補ってあるのであります。たとへば、(中略)つまり、英文のほうが精密であって、意味の不鮮明なところがない」。つまり、どうしても英文は長くなりがちなのです。その長くなりがちな論告求刑・最終弁論の英文翻訳を用意するのは骨が折れる作業ではありますが、法廷通訳人の翻訳力の見せどころでもあります。そしてさらに、それを検察官と弁護人の早口に合わせて明瞭に読了するのは至難の業でもあるのです[37]。

なお、法廷でのやり取りのうち、証人尋問や被告人質問などは、すべての発言を逐語訳で行う必要があります。このやり取りについては厳密に、いわば「言葉どおりに」通訳をすることが求められます。このやり取りから得られたその結果が、裁判の証拠として犯罪事実の認定や刑の量定の基礎になる大変重要なものとなるからです。[38] 法廷という現場での逐語訳の場面では、英語の類語語彙力に加えて日本語の語彙力が大いに問われ、単語選択に躊躇する時間が与えられない厳しい任務です。

6 公判の通訳と捜査の通訳との違い

ここまで述べてきたことからも、司法通訳人の通訳行為には、単に「中立」「正確」といった要素の他にも、刑事訴訟法に定められた刑事事件の手続きの展開の各場面において通訳人に求められる「通訳の手法」と「目的」に差異が存在することがお分かりいただけたのではないかと思います。

公判、つまり裁判と捜査との通訳の違いについて、早川幸延検事は、「捜査と公判では若干通訳の意味合いが違うと思っています。公判における通訳は、裁判官、検察官、弁護人、被告人といった関係者が、公判で行われる手続や関係者間のやり取りを正確に理解できるような状態にすることが重要ではないかと思います。（中略）他方、捜査というのは、事案の真相を解明し、起訴不起訴を判断するという、証拠の収集活動です。そのために、被疑者、参考人を取調べることが中心に行われ、そこでは、真実はどうなのかを聞き出すということが重要になります。（中略）捜査と公判では、このように通訳人に期待される役割が、若干違います(39)」と、述べています。

捜査段階と公判において司法通訳人に求められる通訳の意味合いが違うことは現場ですぐ感じ取ることができます。特に捜査段階における通訳では日常レベルの語学力をはるかに超えた専門性が高い言語の使い手としての通訳の仕事が求められます。つくづく感じるのは文法の重要性です。当たり前のことですが、通じるだけでは全く不十分です。刑事事件にとって法律の条文が大切なように、司法通訳人にとっては小さな文法のミスが命取りになります。文法の重要性は表現する内容が複雑になればなるほど高まります。英語を学んだ経験がある私たちの多くが、まずつまずいた「時制」が過去の事実の再現作業ともいえる被疑者の通訳の際には大活躍します。「過去完了」ってこういう時に使うのだと妙に納得したりするのです。「言うべきことを正確に表現するためにはしっかりと文法を学んでおくことがとても大切です」という中学校の先生の教えが、これほど普遍的な心得として時を経てよみがえるとは思ってもいませんでした。

7　捜査実務側が求める通訳人の在り方

要通訳人事件の処理には多くの困難がつきまとうのは厳然たる事実です。通訳人の能力を客観的に「判定」するような統一的基準はまだ導入されていないのも現実です。前章で見たように通訳人の能力に疑義が挟まれた実例も多くの裁判例に見られます。疑義が挟まれるのは捜査段階と検察における供述調書の有効性に関してであることが多いようです。

通訳人が介在する捜査について、捜査側が留意すべき事項を提示しているものがあります。[40] 以下にその留意事項を示したいと思いますが、この留意事項からは捜査側が通訳人をどのような存在として認識しているか、その一端が見えてきます。

「通訳人に要求される適格性とは、通訳人が捜査官の述べるところを的確に相手に伝え、かつ相手の述べるところを正確に捜査官に伝えることである。この通訳人としての的格性（原文ママ）を確保するためには以下の点を留意する必要がある。

(1) 通訳人としての敬意を表し、通訳人としての誇りを持ってもらうように配慮すること。

(2) 通訳人に事前に事件の概要を説明するとともに、当該外国人を取り調べる目的は何かについても十分知ってもらい、取調官の基本姿勢に理解を持ってもらう。

(3) 被疑事実の内容は事前に読んでもらい、日本語として十分理解してもらうとともに、辞書を引いて適切な外国語の表現を選ぶことを厭わないように助言する。

(4) 必要に応じ、証拠内容も明らかにし、事件の内容につきある程度の心証をもって通訳に当たってもらう。

(5) 法律用語について十分説明するとともに通訳を容易にさせるために平易な表現で述べ、また、事実の認識、予見可能性、未必の故意など、発問の仕方如何により相手の答弁が変わってくるような微妙な表現については、通訳人に対してポイントをよく説明し、同一事項についてさまざまな角度ないし表現によっても同一の答弁が得られることを確認し、必要に応じて1問1答式で調書を作成する。

(6) 長文ないし冗長な質問はやめ、ポイントが的確に分かるような簡潔平易な表現により質問し、必要に応じ、図面を利用して発問し、また、被疑者に図面を書かせる。

(7) 質問における主語の省略や代名詞の多用は誤解を招くので避ける。
(8) 被疑者が重要な文言を述べたとき、調書には被疑者の供述した外国語を言語のままカタカナで記載して供述をオリジナルな状態で残しておく」

これは捜査に通訳人が介在することによって捜査自体が複雑化することに対する捜査官側の不安の表れとも受け止められるでしょう。残念ながら司法通訳人の力量について不安感をいだいていることが窺える項目が多いのですが、司法通訳の現状を鑑みるとこれが捜査官側の冷静な判断であると思います。かつての裁判例では通訳人の通訳能力についての「日常会話程度の理解」でもその能力が認められた判決がありましたが、この留意事項からも日本において何らかの通訳能力認定試験あるいはそれに準ずるものの設置が急務であろうと強く思わせますし、これら(1)から(8)の項目の多くを事後的に確認するためにも捜査段階の要通訳人事案の録音・録画は大変有効な手段であろうとも思うのです。

8 法廷側が求める通訳人の在り方

『法廷通訳ハンドブック 実践編【英語】』という法廷通訳人にとっては必携の書籍があります。最高裁判所事務総局刑事局が刊行しているものですが、このハンドブックの中には、心得ておくべきことや注意事項、刑事手続きの概要等、法廷側が通訳人に求める基本事項が網羅されています。

「・通訳人は法廷で自ら発言することは原則的にないと心得ておいてください。特に被告人には、黙秘権がありますから、勝手に発言を促すようなことをしてはいけません。
・〔被告人との〕信頼関係に問題があると感じる場合には、書記官にそのことを伝えてください。不信感の背景には、例えば被告人が日本の裁判制度を誤解していることが原因になっていることもあります。その場合には、裁判官や弁護人から被告人に対し、日本の裁判制度について説明することになります。
・法制度や歴史的背景の違い等から、被告人が通訳人に対し敵対心をもつことや、逆に被告人の言おうとする本当の意味が分からないことがあると思われます。したがって、法廷通訳を行うに当たっては、語学的な面だけでなく、その国の文化や法制度等を理解するよう日ごろから務めてください。

・特に罪状認否は重要な手続ですので、慎重に通訳をする必要があります。被告人がうなずいた場合にも安易に「はい。」と通訳をするようなことは避けてください。

・執行猶予の説明は、被告人には分かりにくい面がありますので、裁判官もできるだけ分かりやすい説明をするように心掛けています。それでも被告人が理解していないと思われる場合には、裁判官にそのことを告げて下さい」

多くの留意事項の中の一部を引用したものですが、法廷における通訳人に求められるものは広範囲に及ぶものであることが分かります。特に「語学的な面だけでなく、その国の文化や法制度等を理解するよう日ごろから務めてください」という部分は大変難しいことではありますが、実は司法通訳人にとって、捜査、接見、法廷、などのすべての状況において習得を常に心掛けておくべき事項です。

しかしながら通訳人が独学で刑法や刑事訴訟法を参照し、そして外国法や比較法的考察

法廷通訳人にとっては必携の書籍、最高裁判所事務総局刑事局監修『法廷通訳ハンドブック【英語】』（左）と『法廷通訳ハンドブック 実践編【英語】』（右）法曹会刊行。

を加えることは困難です。弁護士会主催の司法通訳人セミナーが開催されるようになってはいますが、司法通訳の任務は難しいものであるとの印象を与えることを恐れずに、例えば「故意」などの重要な概念を理解する道筋を具体的に示し、通訳人の理解を促すことはとても大切だと思います。通訳人が「同じことばかりを何度も通訳させられる」と感じているそのやり取りが、まさに犯罪の「故意」を有していたか否かの重要な見極めの確認作業の一端を担っているということは多々あるのです。通訳人にも日常会話の通訳人とは違うレベルでの緻密な通訳が必要であることを強調する高度なセミナーが必要であると感じています。基本となる刑法・刑事訴訟法の重要な概念や内容をしっかり講義する機会を積極的に設けることが正確で公平な司法通訳人を養成する、急がば回れの最善策であるはずです。

III　来日外国人犯罪、
刑事手続きの現状

我が国における司法改革の重要な柱として、２００６年4月10日、政府全額出資により法務省の所轄法人である「日本司法支援センター」（以下「法テラス」）が設立されました。この法テラスが始動して10年目を迎えた２０１６年5月には、被疑者国選弁護制度の対象を被疑者が勾留された全事件に拡大する刑事訴訟法の改正が成立し、２０１８年6月1日より施行されています。

この国選弁護人制度については、法テラスのＨＰにも詳しく説明されていますが、検察官は、法律の専門家であり、法律上、国家機関として強大な権限がある反面、被告人は法律の専門家ではありません。被告人が、検察官の言い分を正確に理解し、自己の主張をしてこれを証明するといった活動をするためには、検察官と同じ法律の専門家の助力を受ける必要があります。そこで日本国憲法は、「刑事被告人は、いかなる場合にも、資格を有する弁護人を依頼することができる。被告人が自らこれを依頼することができないときは、国でこれを附する」（37条3項）と規定し、この内容を実現するために国選弁護人制度が設けられているのです。これまでは、この被疑者国選弁護人が付されるのは「死刑又は無期若しくは長期3年を超える懲役若しくは禁錮に当たる事件について勾留状が発せられている場合」に限られていましたが、２０１８年から全事件に拡大されたわけです。

I　起訴前手続きの特色と「接見同行通訳人」の重要性

法テラスの役割

これまでも外国人被疑者事件に関しては警察署における国選弁護人の接見に通訳人が同行していましたが、特定の事件だけでなく、全勾留事件が被疑者国選弁護の対象となったことは「市民的及び政治的権利に関する国際規約」(自由権規約、B規約)に沿って、具体的に法律が整備されたものであるとも言えるでしょう。それまでいわば実務的対応で対処してきた国際的な欠落点を、法改正によって積極的な人権への配慮を具現化させたとも評価することができます。そして、この一連の動きに法テラスの果たしてきた役割が大きいことは明らかです。

現在、法テラスは多くのケースにおいて、法律扶助的な要請から被疑者国選弁護を拡充させています。しかし、外国人被疑者に対する国選弁護人の選任は、弁護の機会を与えるという要請と同時に、日本語を理解しない者に対する法律による平等な保護および弁解の機会の提供という、一般の日本国民とは異なる配慮もまた必要となってきます。

国選弁護業務の実績を見ると、被疑者国選弁護人受理件数は2007年に6775件であったものが2017年には6万3839件と飛躍的に増大しています[41]。このような受理件数の増加は、必然的に独立行政法人に準じた法テラスの事業運営にも効率性を求める結果となることは避けられません。法テラスはその事業を拡大充実させる要請を満たしながら、同時に運営の効率化を図るという極めて困難な課題を抱えているのです。

しかしながら、外国人被疑者に対する国選弁護人接見における通訳人の同行は正当な刑事手続き実現のためには必要なものです。そしてこの制度を経済的にひっ迫させることなく存続させていくためには、通訳人の技術と能力の向上もまた欠かすことができない要素の一つなのです。適切な接見時間の範囲内で必要な被疑事実に関する情報を収集する弁護人の仕事を遅滞させることなく、効率よくかつ正確に通訳することも通訳人には求められるのです。

被疑者段階の通訳人――「接見同行通訳人」の重要性

現状では、最高裁判所通訳人候補者名簿への登載に際しては人物調査や口頭試験や裁判傍聴などの審査を要しますが、被疑者の段階での接見や面会の通訳人に関しては、一般的に語学試験や自己推薦の制度を通じ、法テラスに登録を促すなどの工夫により、その数が確保されています。

以下では、特に被疑者が身柄の拘束をされる勾留事案において接見同行通訳人が知っておくべき我が国の刑事手続きの特色を概観しますが、特にアメリカに代表されるいわゆる英米法諸国との際立った違いがある点を示しながら、国選弁護人通訳の受任から勾留施設における通訳の実施に伴う留意点や実務について述べていきたいと思います。これからの司法通訳人に求められるものは何であるのかを確認していきたいのです。

先に紹介した『法廷通訳ハンドブック』をはじめとして、法廷通訳人の実務に資するための資料や出版物そして研究資料は少しずつ充実されつつあります。また法廷通訳人への関心も僅かずつですが高まっていると実感はしています。しかし外国人被疑者が警察署で勾留されながら、他国とは比較にならないほどの長期間にわたって取調べを受ける状況下では、国選弁護人との接見の機会が被疑者の権利保護のために、十分に活かされることが重要です。通訳人の準備不足や知識の欠落によって必要な情報の収集に支障が生じたり、被疑者が十分な状況説明を弁護人に尽くすことができないという事態は避けなければなりません。

つまり国選弁護人に同行する通訳人にも、ある程度の法的知識と守秘義務の遵守、予断を排する公平な視点、被疑者出身国の文化的背景知識等々が必要となりますし、また、法律の専門家としての国選弁護人が発する言葉の持つ意義を正しく被疑者に伝え、また被疑者の意図と心の動きを国選弁護人に可能な限り伝える知識と技量が求められるのです。(42)

起訴前の手続き

「法廷通訳人？」「接見同行通訳人？」とすでに頭が混乱されている方がいるかも知れません。ここでもう少し刑事手続きの流れを説明しながら、刑事訴訟法における起訴前手続きに焦点を当てる意義を明確にしていきましょう。

刑事裁判を求める、つまり起訴ができるのは検察官だけです。

まず、警察（捜査機関）に通常逮捕された場合には留置場に身柄を拘束され、48時間以内に検察官に送致されます。検察官がさらに拘束の必要があると判断すれば、この送致から24時間以内に裁判官に勾留請求をすることになります（逮捕の時から計72時間）。裁判官が勾留状を発すると最長20日間（10日間＋延長10日間）の勾留が行われることになります（逮捕の時から最長計23日間）。

この間に、検察官は送致された事件についてどのような処分をするかを決定します。検察官の処分には、公訴を提起する（起訴する）かどうかを最終的に決める処分（終局《しゅうきょく》処分）と、将来の終局処分を予想して、その前に行う暫定的な処分（中間処分）がありますが、検察官が不起訴を決定すれば刑事手続きは終了します。公訴を提起した場合には、起訴状が送達され公判手続き（いわゆる裁判）に移行することになります。またこの公訴の提起によって「被疑者」は検察官と対等な訴訟の当事者である「被告人」となることになります。

このように起訴前の手続きとは、被疑者である段階の刑事手続き、すなわち公訴が提起される前の手続きのことです。

統計からみる起訴されない外国人犯罪

では実際、来日外国人犯罪の起訴の実態はどうなっているのでしょうか。来日外国人による多数の要通訳人刑事事件が発生しており、その事案内容も年々複雑化の様相を呈していますが、法務省の『犯罪白書平成30年版』の統計から見ると、２０１７年の日本人を含めた検察庁の全終局処理人員は30万８３２９人（検察庁全終局処理数とは、検察庁が事件処理した起訴総人員、不起訴総人員、家裁送致を合算したものです）、そのうち外国人が１万９４７８人です。

ここで着目したいのは、来日外国人被疑事件の検察庁終局処理人員ですが、１万４５８６人となっています。つまり、日本人を含めた全終局処理人員総数の４・７％、外国人被疑事件の終局処理人員の74・９％を来日外国人が占めているという点です。外国人被疑者の過半数は来日外国人（いわゆる長期に在留している定着居住外国人を除く）で占められているのです。

また検察庁の処理区分別の終局処理人員を見てみると、外国人終局処理人員全体のうち、①公判手続きを伴う起訴人員は４８７５人、②略式命令請求が１００３人（略式命令とは、検察官による起訴に対して、簡易裁判所が公判手続きを経ることなく、非公開で罰金または科料を科す刑事手続きです）、③不起訴が８０３７人です。したがって、多くの来日外国人被疑者は公判請求されることなく、略式命令請求、不起訴となっていることも分かります。[43] こうした傾向、つまり多くの来日外国人の被疑者にとっては我が国の刑事司法との接点は起訴前の手

外国人の検察庁終局処理人員

年次	総数	起訴		不起訴		家庭裁判所送致	起訴率	起訴猶予率	略式命令請求＋不起訴率
		公判請求	略式命令請求	起訴猶予	その他				
2008	21,974	8,548	2,236	8,226	1,111	1,853	53.6 %	43.3 %	61.1 %
2009	21,226	7,909	2,169	7,954	1,263	1,931	52.2 %	44.1 %	62.7 %
2010	19,200	6,601	2,234	7,299	1,354	1,712	50.5 %	45.2 %	65.6 %
2011	17,013	5,502	2,023	6,787	1,280	1,421	48.3 %	47.4 %	67.7 %
2012	16,470	4,865	1,985	6,819	1,568	1,233	45.0 %	49.9 %	70.5 %
2013	17,390	4,897	1,869	7,724	1,545	1,355	42.2 %	53.3 %	71.8 %
2014	18,586	4,956	1,886	8,957	1,656	1,131	39.2 %	56.7 %	73.3 %
2015	18,087	5,534	1,857	7,816	1,801	1,079	43.5 %	51.4 %	69.4 %
2016	18,073	5,219	1,697	8,239	1,940	978	40.5 %	54.4 %	71.1 %
2017	19,478	5,988	1,766	8,560	2,170	994	41.9 %	52.5 %	69.3 %

上記表の数値は、下表の来日外国人を含めた数値。

来日外国人の検察庁終局処理人員

年次	総数	起訴		不起訴		家庭裁判所送致	起訴率	起訴猶予率	略式命令請求＋不起訴率
		公判請求	略式命令請求	起訴猶予	その他				
2008	17,505	7,139	1,544	6,863	806	1,153	53.1 %	44.1 %	59.2 %
2009	17,570	6,797	1,683	6,760	980	1,350	52.3 %	44.4 %	61.3 %
2010	15,040	5,379	1,544	6,034	978	1,105	49.7 %	46.6 %	64.2 %
2011	13,012	4,264	1,351	5,534	955	908	46.4 %	49.6 %	67.2 %
2012	12,138	3,673	1,300	5,270	1,113	782	43.8 %	51.4 %	69.7 %
2013	12,770	3,670	1,155	5,994	1,060	891	40.6 %	55.4 %	71.3 %
2014	13,494	3,724	1,134	6,841	1,095	700	38.0 %	58.5 %	72.4 %
2015	13,307	4,318	1,088	6,008	1,194	699	42.9 %	52.6 %	67.6 %
2016	13,195	4,033	907	6,245	1,344	666	39.4 %	55.8 %	69.4 %
2017	14,586	4,875	1,003	6,574	1,463	671	42.2 %	52.8 %	66.6 %

出典：『平成 30 年版 犯罪白書』「資料 4 － 7 外国人の検察庁終局処理人員」を元に筆者作成。

続きまでであることは、２０１７年（平成29年）だけの傾向ではなく、ある程度の変動はあるものの、２００８年から２０１７年の『犯罪白書』の統計からも明らかとなっています。

略式起訴や起訴猶予などで、法廷通訳人（裁判における司法通訳人）との接点を持たないまま、警察署の留置施設における国選弁護人と同行通訳人との接見で、多くの事件が処理されているのが現状であることが分かりますし、実質的には、接見同行通訳人が来日外国人刑事被疑事件に関して重大な責務を担っていることも統計から窺われるのです。

2　刑務所イメージと勾留

「刑務所に入らなければならないのか」。

多くの来日外国人被疑者との接見に同行して、ほぼ全員が最初に尋ねてくる深刻な質問です。

前述した我が国における執行猶予や起訴猶予を得る可能性の高さを知る由もない来日外

国人被疑者であれば当然、「刑務所収容」は最も恐れる事態であるからでしょう。結論から言えば、来日外国人被疑者が刑務所に収容されることになる事態は、さほど多くはありません。しかしながら「刑務所」に対するイメージの日米比較についての知識も、接見に臨む通訳人の通訳技能の手助けとなるかもしれません。

刑務所の世界的現実についてその収容者数から概観すると、特にアメリカ合衆国は他の先進国と比べて、多くの犯罪者を刑務所に収容しています。人口10万人当たりの刑務所収容者数はフランス100人、ドイツ75人、カナダ114人、日本41人であり、米国は655人です。[44] 米国の刑務所の概念については、「倫理の境界をはみ出した人間は、たやすく凶悪犯に転落するため、軽微な犯罪をした段階で物理的に無力化すべきだという考え[45]」が浸透しているとの分析もなされています。また、「犯罪防止のための手段として、社会内処遇ではなく重警備施設における物理的拘禁が信頼されることとなった[46]」とも述べられています。もちろん、このような視点や見解への批判もなされていますが、日米間の刑務所に関する概念はずいぶんと異なったものとなっているのが現実です。ですから、来日外国人被疑者がまず一番に心配することが「刑務所に収容されるのか否か」であることは極めて自然な反応であるといえましょう。[47]

勾留をとりまく問題

勾留とは、我が国の刑事訴訟法では、罪を犯したことを疑うに足りる相当な理由があり、住居不定、証拠隠滅のおそれ、または逃亡のおそれのいずれかの事情があるときに、裁判官、または裁判所の発する勾留状によって行う身柄の拘束のことです。刑事手続きでは、逮捕されて勾留という流れになるのですが、刑務所のイメージ以上に知っておくべき海外との違いがあります。

勾留については、我が国における「警察」に対する国民感情とアメリカ国民が持つ「警察」に対する感情が根本的に異なることが、直接的・間接的に深い意味を持っていると考えています。米国内でくすぶり続ける白人警官対黒人被疑者の物理的かつ心理的衝突は、報道でも目にする機会があります。アメリカ合衆国に見られる公民権の健全な浸潤への揺り返しであるのか、2016年の大統領選挙戦で見られたように、サイレントマジョリティー[48]の、エスタブリッシュメント（既得権者層）への反発の顕在化ともいえるのかもしれません。

これに対して、我が国においては、米国に比べて公務員への信頼も比較的高いようにも思われます。街角の交番で日常的に事務作業に携わり、自転車に乗って近辺を巡回する

〝おまわりさん〞への信頼感は米国の現状とは格段の差があります。

こうした警察観の違いについて、東京大学のシルビア・クロイドン氏はその著書[49]の中で我が国における勾留の特徴について詳細な分析を加えています。すなわち「日本の警察は、コミュニティーの中で単なる行政の機能としての、被疑者の逮捕及び公安の維持に従事する機関として認識されているのではなく、道徳の具現化の象徴としての機能を果たしている。警察官はコミュニティーの模範を教示する存在としてとらえられている」（筆者訳）と述べ、米国と我が国では警察組織に対するコミュニティーの認容度に際立った差異がある点を指摘しています。

米国における警察観は、法律により権限を与えられている、いわば法律を後ろ盾とする存在であるのに対して、多くの日本人の警察官に対するイメージは、刑事ドラマでも描かれているように、悪のまん延を防ごうとしてくれる存在であり、また警察官一人ひとりも市民の信頼を得ようと努力を惜しまない、そのようなイメージを持つ方も多いのではないでしょうか。米国では警察という組織のもとに警官が集合し、組織の総力をデュー・プロセス（due process）、すなわち適正手続きを通して具現化することに意義を見い出していきます。我が国におけるコミュニティー・コントロールを志向するクライム・コントロール

(crime control)、すなわち犯罪抑制を第一義的目的とする活動とは根本的な相違があるともいえるでしょう。

勾留期間の違い

勾留に関してはアメリカ合衆国と我が国には、その期間にも際立った違いが存在します。米国の多くの法域において警察は、被疑者の取調べを逮捕による身柄拘束から48時間以内に終わらせなければなりません。(50) しかしながら、我が国においては被疑者が警察や検察官による取調べを最長23日間受け続けることは刑事訴訟法で規定されている一般的な手続きの流れです。

要通訳事件においては、被疑者と国選弁護人とが交わす会話の時間の多くが、この勾留期間の圧倒的な違いについての質問のやり取りに費やされています。被疑者はただ単に一刻も早く勾留を解かれたいがために、この質問を繰り返すのではなく、勾留期間の大きな違いが、被疑者に違和感や不信感を与え、質問を繰り返している場合が多いのです。

通訳人においては、勾留の期間が被疑者の帰国手続き等にも多大な影響を与えることを考慮して、勾留期間に関する質問についての被疑者の反応などを機を見て弁護人に伝達すべきでしょう。来日外国人の場合は「住所不定」ということになりますから必然的に警察署での勾留が長きにわたることも多いからです。

先の『犯罪白書』による統計資料から判断しても、２０１７年（平成29年）においては、公判請求がなされる来日外国人被疑事件は全体の約40％です。したがって、勾留期間の終了と同時に出国する被疑者が圧倒的に多いのが現状です。またそのような外国人は当然のことながら一刻でも早く本国に帰国したいのが偽らざる心境でしょう。勾留期間を勘案しながら本国の家族と連絡をとったり、航空券の手配を本国の家族に依頼するなど、国選弁護人は被疑者の家族との連絡業務に携わる場合も多いのです。

そのような国選弁護人と被疑者と本国の家族との間の連絡業務の通訳や翻訳業務の依頼があればそれに応えることも通訳人の仕事の一端です。多くの国選弁護人にとって要通訳事件はまだまだレアケースといえます。また要通訳人刑事事件の経験がある国選弁護人であっても英語使用の被疑者を担当することが初めてである弁護人も珍しくありません。(51) 通訳人は勾留期間の説明に多くの時間が割かれることを予期し、勾留期間について被疑者が納得していない様子を示していると察知した場合には弁護人に知らせることが通訳人として信頼関係構築の一助となりうるでしょう。弁護人と通訳人との信頼関係は最も重要であり、その関係のありようが被疑者との信頼関係をも醸成し、通訳人の小さな気づきが堂々巡りの質問で貴重な時間を浪費することを防ぎ、限られた時間内の接見に大きな実りをもたらすことができるのです。

国選弁護人というイメージ

また、「国選弁護人」に対して外国人被疑者・被告人が持つイメージの違いについても触れておかなければならないでしょう。勾留施設に赴き接見を数回繰り返すうちに、「私選弁護人」依頼の相談を持ち掛けてくる被疑者も少なくありませんが、これは勾留期間を少しでも短期化するための手段を模索したいという気持ちの揺れの現れであることが多いのです。国選弁護人と外国人被疑者との初回の接見の際に、弁護士から我が国における要通訳事件国選弁護人制度について簡単に説明してもらい、本制度が来日外国人被疑者にとって必要不可欠な、言語の壁を取り除くための積極的な措置であることを理解してもらうことで、接見での事実確認の精度と信頼性が飛躍的に高まることが期待できると確信しています。

3 「反省」とリハビリテーション

勾留期間の長さと犯罪者更生の関わり

勾留期間の長さは警察における滞在の長さを意味します。検察庁への出頭も複数回となります。特に来日外国人被疑者の場合は国選弁護人への連絡は多数回におよび、毎日のように弁護士との接見を望む被疑者も少なくありません。そのたびに通訳人も弁護士とともに勾留施設に赴くこととなります。

国選弁護人と接見に同行してみると、著名な米国の比較刑事訴訟法学者(52)が長年指摘するように、我が国における刑事司法が被疑者に求める一つの姿勢が見えてきます。それは我が国における刑事司法はコミュニティー・コントロールあるいはクライム・コントロールを重要視しており、勾留期間内に被疑者に深い反省の気持ちを確実に表すことが求められるということです。また、コミュニティー・コントロールに重要なのは被疑者が再びコミュニティーに戻る意思を示すこと、そしてコミュニティーによって受け入れられることです。再犯を防ぐためには家族の支えも重要ですが、仕事関係や日常生活の基盤となるコミュニティーによって受け入れられるか否かが重要な鍵となるわけです。日本のように秩序を重んじる社会においては、コミュニティーへの受け入れは、元被疑者あるいは元被告人が再び罪を犯さないという、ある程度の確信の共有が求められます。有罪判決を受けても、その約6割が執行猶予となるのが我が国の制度の実際です。コミュニティーの不安を払拭するためにも、弁護士は被疑者に明確な反省の表明を求めます。この明確な反省の表明は、日本のコミュニティーに戻ることがなく、不起訴あるいは執行猶予で本国に戻る来日外国人にも日本人と同じように強く求められるのです。

我が国においては、犯罪者が更生して復帰を果たしていくことに大きな価値を見出していると言えましょう。これは個人主義的な視点から犯罪者個人が再びまっとうな道を歩み出すことを歓迎する姿勢というよりも、犯罪者が再び社会の秩序を乱す行為に走らないことを確認することが重要であるという考えに依拠しているとも考えられます。反省文を書かせ、謝罪文を書かせ、習慣性がないことを明確にさせ「二度と繰り返さない」と言明させることを通例としている我が国においては、社会共同体の中で更生させ、寛大な処分で再犯率を下げることも大きな狙いであるのかもしれません。

求められる「反省」

国選弁護人の接見に同行すると、来日外国人にも弁護士が「反省」を強く求め、便箋とペンを警察から受け取り反省文を書くようにと告げる現場に同席することもあります。そのような場面では国選弁護人から我が国における「反省の表明」意味についての説明はなされませんが、ある程度の説明は必要であろうと思われます。東京大学のダニエル・H・フット教授が言うように、[53]米国における多くの服役者は「自分が刑務所に入れられたのは悪いことをしたからではなく、お金がないから優秀な弁護士を雇えなかったからにすぎない」と考えていることから、来日外国人が国選弁護人に高い信頼感を持つであろうと考えるのは少々ナイーブかもしれません。そのような国選弁護人から検察官が求めるような真摯な反省文を書きあげるように来日外国人に求めるにはやはり我が国における「反省」の意味について説明をする必要があります。

この「反省」に相応しい英語表現は“REGRET”《リグレット》や“SORRY”《ソーリー》ではなく“REMORSE”《リモース》でありましょう。我が国においては改善更生が刑事司法制度の重要な目的となっていますが、先のフット教授が指摘するところによると、米国においては1970年代に犯罪者のリハビリテーション（健全な精神と肉体を呼びもどし社会に復帰できる状態をとりもどすという意味での）の理念は捨て去られ、例えば１９７６年のカリフォルニア州の刑法改正ではリハビリテーションという文言は削除され、拘禁刑の目的から犯人の改善更生という考え方を排除しているようです。(54) しかしながら、我が国ではまさに、REMORSEという言葉が持つ「罪を犯したという、自らの根本的倫理観の欠如に対して真摯に心の在り方を見つめ直す」というニュアンスが重要視されているのです。司法通訳人は日本語の表現が包含する意味と、その表現に対応する英語の表現を丁寧に比較検討して選択すべきでしょう。英語単語の語源を辿り、その単語に付随する感覚や感情を探ることも状況に合わせた単語選択には重要です。

4　我が国における刑罰の持つ象徴的な役割

「刑の厳罰化」を選択する日本人

マイケル・カバディーノ、ジェイムズ・ディグナンの両氏は「比較刑法―政治経済学との奇妙な関係」(55) の中で国家と刑事法の在り方との関連性について検討し、米国を代表とするネオリベラル政策国家、ドイツに代表される伝統主義的政策国家、スウェーデンに代表される社会民主主義政策国家、そして日本に代表される東洋的な政策国家という4類型に分類した上で、それぞれの刑事法の特色を関連づけ、各類型国家の刑務所収容者の数を比較しています。

刑務所収容者数の比較はそれぞれの類型に属する国家が有する刑事罰の厳格性を表しているとも解釈できます。10万人当たりの刑務所収容者数の比較は、刑務所のイメージのところでも取り上げましたが、この4類型の中でも明らかな違いが確認できます。アメリカは655人、ドイツは75人、スウェーデンは59人、日本は41人[56]なのです。東洋的な政策国家の代表と挙げられている我が国の特色として、刑務所収容肯定論にもかかわらず、実際の人口10万人当たりの収容者数は他の類型国家、特にアメリカに比べて驚くほど低いことが分かるのです。また、同論文の中では、我が国においては他の3類型の国々に比較して収容者数が低いにもかかわらず一般世論の「犯罪者刑務所収容肯定論」が大変高いことが特色として挙げられています。我が国では、一般市民の犯罪に対する厳しい見方が、刑務所収容への肯定論を後押ししているようにも思いますが、長年にわたり維持されてきた司

ナイジェリア人による外国人観光客への強盗事件が起きた現場の建物の家宅捜索に入る警視庁捜査員（2015年6月30日、東京都新宿区歌舞伎町。時事）。実際の来日外国人被疑者の検挙率を客観的に分析する冷静さが必要となる。

法による犯罪者へのリハビリテーションへの期待もいまだ強く残っていると言えるのでしょう。

また、この論文の中では政治とメディアの在り方が一般市民の犯罪と刑罰に対する考え方を巧みに支配していることも紹介しています。我が国でも、実際に来日外国人による犯罪が劇的に増加しているという事実はなく、また、刑務所収容人員の中でも来日外国人の占めている割合はきわめて低いにもかかわらず、やはりメディアは社会における来日外国人という異質な存在が犯す行為を、一般的な事件よりも印象に残る表現方法で取り上げる傾向があることは否定できません。一般市民が持つイメージ、すなわち来日外国人の増加が犯罪の増加と直結しているのではなかろうかという不安感の高まりが、一般市民から実際の来日外国人被疑者の検挙率を客観的に分析する冷静さを奪う結果となっているのではないでしょうか。

1999年にNHKで放映された「驚異の人体シリーズ」第3弾の中で、日本人の中に「不安遺伝子」を持っている人の割合が多いことが紹介され、関連話題がメディアでも大いに取り上げられました。もちろんこれが主たる要因と言うつもりはありませんが、来日外国人による犯罪実数を冷静に観察するならば、さほど神経質になる必要がない状況であるにもかかわらず、今、日本人は日常の不安を払拭する方策として「刑の厳罰化」という方法を選択しつつあります。

我が国の刑事手続き、刑事罰の意味

ジョセフ・L・ホフマン教授は「グローバル化と日本の刑事司法」(57)の中で次のように指摘します。刑事罰は単に犯罪に対する懲戒の手段ではなく、社会において重要な象徴的意義を持っている。残虐な犯罪が目立った形で報道されると死刑存続に対する市民の反応は

肯定的なものが強まり、少年犯罪が増加すると少年法の改正や罰則強化を求める声が大きくなる。ホフマン氏の指摘によると米国においても社会不安が高まる状況では死刑制度存続への支持が高まるとされています[58]。

自白と反省、そして更生に力点が置かれている日本のような社会においては、刑期の長さが刑罰の重さを象徴的に表していました。しかしながら改善更生が刑罰の最も重要な目的である我が国においても、社会が確実に多様化する中で、その根幹思想も揺らぎを見せ始めているように思えます。秩序を保ち、公共の福祉を重視することに重要な意義を見出し、罪を犯した者が改善更生し、再び社会へ復帰することを社会が受け入れるというのが我が国が実践してきた施策でしたが、国益や公共の福祉[59]という概念は、特に若い世代の中に浸透している個人主義的な考え方や、今が良ければそれで良いというような金銭に対する刹那的な欲望に、とって代わられつつあるようにも思えています。これは今後私たち自身の課題として考えていかなければならない問題でしょう。

本章で挙げてきた点は我が国の刑事司法の特徴であるとともに、外国の刑事司法とは大きな違いがある点です。したがって、多くの来日外国人被疑者から、しばしば違和感や不満が表出される部分でもあります。その違和感や不満表出の理由を通訳人が知識として心得ておくことは、正確で中立な通訳を行うためには極めて全うな要請であるといえるでしょう。

現在に至るまで、司法通訳人に求められてきた能力は言語の変換能力が中心です。しかし、我が国の刑事司法の運用や考え方を国選弁護人の接見同行通訳人として外国人被疑者に正確に伝える役割は決して小さなものとは言えません。単なる単語の伝達人にとどまることをよしとせず、通訳人も司法の一端を担う専門家として、知識を蓄積していくことが、適切な通訳実現のためにこれからますます求められるのです。

Ⅳ　司法通訳人に
法律知識は必要ないのか？

刑事司法の手続きや用語の意味が外国人被疑者・被告人に適切に伝わっていないという事実は、警察・検察・司法当局による説明が充分とは言えないという事実とは別に、そもそも被疑者・被告人が多くの場合、当該本人の国の法律にさえ明るくない、つまり法律用語やその概念をあまりにも知らない場合が大変多いことが主な理由であると考えられます。しかし日本人であったとしても、私たちのいったい何割の人が刑法、あるいは刑事訴訟法の条文に触れたことがあるでしょうか、ましてやどれほどの日本人が法律に明るいといえるでしょう。被疑者・被告人に対して我が国の刑事司法の手続きがどの程度、理解される形で説明されているのでしょうか。

Ⅰ　法律知識教育の必要性

法テラスの開設により要通訳事件への通訳人の派遣は格段に簡便になったと言えます。要通訳事件の情報を基に、法テラスは、リストに掲載されている通訳人に対応の可否の確認のために電話で連絡をとります。この電話は突然かかってきますが、多くの場合は「今日のご都合はいかがですか」という内容です。引き受けることができる場合は、再度、担当弁護士からの連絡を待ちます。その後は担当弁護士と連絡を取りながら接見の日時を調整していきます。

私が過去に担当した警察署での接見通訳は、多くてほぼ毎日、少ない場合は3日おき程度の現場でした。不安を感じる被疑者は毎日のように接見を希望します。そのたびに警察署に出掛け、弁護士が警察や検察との被疑者のやり取りについて確認する傍らで、膨大な資料の中から必要な部分について、時には大まかに、また時には細かな表現の変化に注意を払いながら、そして被疑者の様子を観察しながら通訳していきます。

時間の制約が厳しい仕事ではありますが、通訳という職業に対する認知度が高まっていますので、語学を学んだ多くの方が司法通訳にも興味を持ち始めています。法務省も『ごぞんじですか法廷通訳―あなたも法廷通訳を』という冊子をネット上に公開し、一人でも多くの法廷通訳人を育てようとしています。「法廷通訳人」は裁判に関わる通訳人ですので、かなり高度な通訳・翻訳技能が必要となりますが、国選弁護人と警察署に接見通訳に出掛ける接見同行通訳人は、複雑な専門用語を通訳する場面は少なく（もちろん特有の重要性については前章で触れたとおりです）、被疑事実を様々な角度から確かめるようとする弁護士と被疑者との間の通訳が中心となります。

広く理解されていることとは思うのですが、ある言語に堪能であることと、通訳ができることとは必ずしもイコールではありません。ここまでも述べてきたとおりですが、司法通訳人として通訳に赴くのであれば、ほんの少しでも法律について勉強しておくべきです。「法律について」という表現はあまりにも漠然としていますが、もちろん法律を暗記している必要はありません（そもそも法律学は条文を暗記する学問ではありません）。しかし、特に刑法や刑事訴訟法については興味を持ち知識を蓄えるべきであると思います。私が強調したいのは「法律教育」と言うよりも「法律知識教育」です。

例えば、冒頭で触れたとおりなのですが、私が法学部の一年生だったとき、「法学概論」の講義で「法律は最低限の道徳である」という先生の言葉が私の心を貫きました。外国語学部で教えるようになった私ですが、遵法精神の在り方を示す大切な言葉として、毎年学生に紹介しています。司法通訳人になろうという人には、まず「言語をつないで何をしようとしているのか」という根本的な理解が重要だと思います。

私たち司法通訳人が関わるのは「過去の事実の再現」です。そしてこの「過去の事実の再現」は日常生活に溢れる「あいまいさ」を極限まで排除する再現作業です。通訳人は「あいまいさ」が入り込む隙間がない通訳を実現しなければなりません。同じ話を何度も繰り返すのは、曖昧さの排除を目的としています。厳密なコトバの使い分けで過去の事実の再現に努めているのです。

事実描写にこだわりぬく丁寧さ、法律知識の必要性

一方、弁護士は被疑者、被告人に「黙秘権」があることを頻繁に伝えます。「黙秘権」の説明と「過去の事実の再現」作業とは、通訳にとって全く次元が異なる仕事です。黙秘権は刑事司法の根幹に関わる説明ですから、黙秘権がなぜ重要であるかを説明できる必要があります。被疑者が取調べで指印を求められた場合の「指印」がもたらす意味について説明する弁護士のコトバを適切に理解しやすい表現で解説する法律知識が必要です。

また、法律の解釈は、場合別、段階別に厳格に事柄を分けて考えなければならないところが通常の生活感覚と異なるところでしょう。法律の基礎知識が全くない通訳人が、一つの事実を細分化して時系列に並べ、事実の発生から順を追って、展開を精密に再現する。こうしたことが要求される困難な現場を突然体当たり的に体験するという事例も実際には

あるようですが、コミュニティー通訳とは異なり、ピンポイントに深堀をするイメージの司法通訳人の仕事では、常に事実の描写にこだわりぬく丁寧さと法律知識に裏付けられた的確な説明と解説ができる能力が要求されるのです。

2 分かり合えない感覚

警察留置施設における弁護士面会時に被疑者を目の前にする通訳実施、検察官による被疑者の取調べ通訳人を務めるとき、拘置所での接見通訳等々、各状況において、被疑者・被告人が刑事司法手続きの流れの中で、いまどの時点にいるのか、これからどのような種類の道筋があり、その道筋のどれを辿る可能性があるのか、司法通訳人が知識を有していない場合がままあります。多くの司法通訳人は経験則から刑事司法手続きの学びを重ねていき、法務省や専門出版社から発行されている司法通訳関連書籍や解説文書を参照しながら実務を粛々とこなしていきますが、単語から単語への置換では充分ではないことも多くの司法通訳人は体験していきます。そして、被疑者・被告人との間でどうにもならない複雑な「分かり合えない感覚」を持つこともあります。

多くの場合、外国人被疑者・被告人は、母国の司法システムと日本の司法システムが相似しているという感覚を持っています。中には各国の司法システムが同一であるわけがないことを全く意識していない被疑者・被告人もいます。司法通訳人の中にも、同一の法律用語であってもその定義・意義が、国により同一ではない事態が生じることを意識していない場合すらあります。対訳単語集で探し出した単語を、敢えて丁寧に英米法辞典などの定義と我が国における定義とを比較検討するなどの工夫をする通訳人はまだまだ絶対的少数派でしょうし、またその必要性を認識している通訳人もまだ多くはないでしょう。そのような点を司法通訳人の能力不足として指摘する弁護士もいることも既に紹介したところです。[60]

しかしそもそも、そうしたお互いに分かりあえないという感覚はどこからくるものなのでしょうか。

3　法律用語の理解と齟齬

日本人でも理解できない用語を置換できるのか

外国企業の在日オフィスに勤務する外国人、外国で出生しいずれかの親が日本人であるために来日する未成年者、興行ビザで入国し日本人と婚姻した外国人など、近年における来日外国人の日本への入国の理由は複雑化・複合化・多様化しています。そして当然のことながら、言語能力、学歴、司法に対する関心・知識量、周辺からのアドバイスの質・量そして日本滞在期間など多くの点において多様性に富んでいます。刑事事件についてもそれは同様です。刑事司法と突然関わりを持つことになった、それまで極めて平穏に日本社会で生活を続けていた外国人なども当然いるわけで、その事情は複雑です。

多くの日本人にとっても自国の司法、特に刑事司法に当事者として関わることはさほど多いことではありません。また日本語を理解する日本人が日本語で書かれた法律書を読んでもその内容はなかなか容易に理解できるものではありません。外国人にとっても、日本人にとっても司法システム、特に刑事司法は様々な意味合いにおいて「遠い」存在なのです。

けれども、刑事司法システムの中で司法通訳人の責務を担うことになった者には、当該システムを理解しやすい言葉で被疑者・被告人に説明する能力が求められます。被疑者・被告人への語りかけは当然のことながら警察官、検察官、弁護士、弁護人が行うわけですが、その会話の中で使用される法律用語を分かりやすい言葉で被疑者・被告人に伝えるのは司法通訳人の役割です。これは、対訳集を使った「言語間の置換」だけでは足りない場合がほとんどです。自国の司法システムにも疎い被疑者・被告人に、法律専門用語で語りかけ、すんなり理解してもらうことは極めて稀なケースであるといえます。

ここで重要になるのは、通訳人がいち早く、被疑者・被告人が司法従事者の語る内容を理解していないことを察知して、当該司法従事者に伝えることです。それと同時に司法従事者の指示により、法律専門用語を説明する役割をも担うことです。しかし司法通訳人は対訳集に頼ることが多く、法律用語の理解にまで至っている司法通訳人は少ないのが現状です。[61]そのような場合、通訳された法律用語が被疑者・被告人の本国法の法律概念と同一概念であるか否かは専門的な判断が必要なケースが頻繁に生じてきます。

「言葉」は同じでも意味は異なる

ドイツの法学者ベルンハルト・グロスフェルト博士はこの点について大変興味深い例を挙げています。それは「Gesetz ist Gesetz《ゲゼッツ・イスト・ゲゼッツ》（法律は法律である）」の解釈をめぐるドイツと日本の違いについてです。

「〔ドイツにおいては、〕その意味は、われわれが規範に従わなければならないという点にある。この言葉を日本語に翻訳すると、その言い回しはまったく同じであるが、しかし、その意味は異なる。つまり、法律はあってもそれは法律の世界内部のことであり、われわれの目の前にある問題を実際に解決するためには、法律を使わなくても道理にかなったやり方を見つけることができるという意味になっている(62)」

なかなか難しいですが、逐語的に法律用語を翻訳しても、そこで生まれた文章に対する解釈が「法律」という概念をどのように捉えるかによってその文章の意味するところが全く違うという現象が生ずるのです。

より分かりやすい例を挙げるならば、ＮＨＫスペシャルで放映されたドキュメンタリー(63)

の中で「ハートカートナー」という言葉が日本語では「手首を切り落とす」と通訳された例があります。しかし、ハートカートナーとは本来は「手首の神経を切る」という意味で、イスラム教では「二度と悪いことができないようにする」という刑罰であり「手首を切り落とす」「命を奪う」意図は全く含まれないと言われます。

国が異なれば言葉が異なるのと同様に、法も「言葉として」置換が可能であっても、その意味することが異なることは多々あり得るのです。日本特有の考え方、われわれ日本人が思い込んでいる概念、そして日本法に特有の概念こそが、日本の司法システムを説明する際に丁寧な説明が必要となるのです。

司法通訳人の通訳の逐語的「正確性」が向上していると仮定しても、我が国刑事司法の用語や概念説明としての通訳は、これからも改善の余地が大いにあるのです。

4 「相互の信頼感」がもたらす影響

弁護士に対するイメージ

「分かり合えない感覚」は、「相互の信頼感の存否」にも深い影を落としていると言えます。例えば一般的な日本人の大半は司法従事者に対して、さほど敵対的なイメージは持っていないことが、「法曹の質」研究会編『日本人の弁護士イメージ』でも紹介されています。[64]

しかしながら、被疑者・被告人の本国において警察官に対する信頼度が著しく低い状況が蔓延している場合、在日期間が短い当該被疑者・被告人が日本の警察官に対して非協力的な態度を示す可能性は否定できません。また、そのような場合、そうした被疑者・被告人は自国での「司法従事者との向き合い方」そのままに、日本の司法従事者と向き合っている可能性が大きいのです。例えば、「十分な金を支払えば警察官から有利な取り扱いを期待できる」「事実とは反するが嫌疑を認めることが早く拘置施設から出る有効な手段である」と、解釈をする被疑者・被告人も実際に存在します。このように、異なる司法システム間における主観的なイメージの違いが被疑者・被告人の「態度」に与える影響についても考慮する必要があるのではないかと、司法通訳の現場で思うことが多々あります。

しばしば経験するのは、せっかく被疑者段階から国選弁護人が付き、その上通訳が同行して警察署に赴くという被疑者にとっては望ましいはずの制度を否定的に解釈する被疑者が米国人に多いことです。国選弁護人に対し否定的なイメージを抱くことが圧倒的に多く、「自分で弁護士を選べるのか」と質問してくる被疑者もいます。全件に国選弁護人がつくようになったのはつい最近のことです。日々努力している国選弁護人と仕事をしていると、被疑者からのこの質問を通訳するときはちょっと弁護士さんに申し訳ない気持ちになりますが、国選弁護人に対する日本と米国の「イメージ」の違いを実感する瞬間でもあります。

さて、先の「法曹の質」研究会が実施した『日本人の弁護士イメージ』において、日本人が持つ弁護士に対するイメージ調査が行われています。この調査は2009年1月15日から19日の間にインターネット上で2000人を対象に実施され、回答は1「そう思う」3「どちらとも言えない」5「そう思わない」の数値をクリックする方法で行われました。私がここで興味を抱いたのは来日外国人が弁護士をはじめとした日本の司法従事者に対して持つイメージです。例えば、先にも挙げた自国における警察官の一般的評価が低い場合、当該人物が日本国内で警察官と関わりを持ったときには、あまり協力的な姿勢をとることは期待できないのではないか等についてです。来日外国人が日本の司法システムと関わりを持つ際に、自国の司法システムに関する知識に基づく行動をとることが数値的にも示されるのではなかろうかと考えたのです。

ネパール人へのアンケート

何らかのヒントを得るために、２０１３年12月に東京在住の大学院修士課程に在籍するネパール人18人に「法曹の質」研究会が実施したアンケートを、質問項目を外国人に分かりやすい表現に若干手直しした上で実施しました。

このアンケート母集団をネパール人としたのは、以下の理由によります。ネパール人が日本の司法と関わりを持つときに適用されるのは英語ですが、必ずしも英語の母語話者ではないこと、また大学院修士課程在籍者であるために、ある程度自国の司法システムに対するイメージをすでに形成している可能性が高いこと、同国人内の連絡体制が緊密であり本国の情報を常に得ていることです。

アンケートの結果は次のようになりました。もちろんネパール人のアンケート母集団が18人ですので「法曹の質」研究会が実施した大規模かつ信頼性の高い調査と比較するには誠に心許ない小規模アンケートですし、統計として有意なサンプル数ではもちろんありません。こうしたことを念頭に置いて見ていただきたいのですが、興味深い数値も現れました。質問項目における最後の2つはこのネパール人を対象としたアンケートに付け加えたものであり、自国の司法システムの理解度を把握するためと、日本人弁護士に対するイメージの概観をつかむための設問です。

	ネパール人回答	「法曹の質」調査
(1) 弁護士に頼むとお金がかかる	1・00	1・30
(2) 弁護士は頭がいい	2・36	1・87
(3) 弁護士は所得が高い	3・09	1・62
(4) 弁護士にはできるだけ関わらない生活がしたい	3・09	1・90
(5) 裁判所にはできるだけ関わらない生活がしたい	2・64	1・51
(6) 弁護士に頼むと料金がわからないので不安だ	1・73	1・50

(7)	弁護士は普通の人の味方だ	3・09	3・09
(8)	弁護士は大きな会社の味方だ	3・82	2・50
(9)	弁護士は社会のエリートだ	3・00	2・18
(10)	弁護士は弱い人の味方だ	3・73	3・18
(11)	弁護士は金持ちの味方だ	2・45	2・44
(12)	弁護士は悪い人の味方だ	3・91	3・10
(13)	弁護士は正義（本当に正しい事）の味方だ	3・12	3・01
(14)	弁護士は国・行政の味方だ	3・09	2・90
(15)	弁護士は尊敬（respect）できる	1・91	2・78
(16)	弁護士はいろいろなことで頼りになる	2・18	2・61
(17)	弁護士はずるがしこい（ずるい）	3・55	2・71
(18)	弁護士は国際的に活躍している	2・91	2・90
(19)	弁護士という仕事にあこがれを感じる	2・82	3・02
(20)	弁護士は偉そうにしている（いばっている）	3・09	2・56
(21)	弁護士は親切だ	2・45	3・11

(22) 弁護士は偉いので相談しにくい　3・45　1・89
(23) 自分の国の裁判制度をよく理解している　3・18
(24) 日本人の弁護士は外国人を差別しないと思う　2・18

※　質問には5段階尺度で解答。1.「そう思う」2.「どちらかといえばそう思う」3.「どちらともいえない」4.「どちらかといえばそう思わない」5.「そう思わない」。3が「どちらともいえない」に対応しているので3より小さい数値は「そう思う」方向、3よりも大きい数値は「そう思わない」方向である。

このネパール人アンケートの回答の中で、着目すべきは(4)・(22)・(24)です。つまり、日本人は「弁護士にはなるべく関わらない生活がしたい」と、考える者が多いのに対し、ネパール人は「弁護士に関わる生活」についてさほど否定的にとらえていません。また日本人は「弁護士は偉いので相談しにくい」と考えている者が多いのに対し、ネパール人は「弁護士は相談しにくい」とは、さほど考えてはいないということです。

また(24)の質問項目への回答から読み取れるのはネパール人が、日本人の弁護士に相談したときに外国人であることで差別的な扱いを受けることはないであろうという、日本人の弁護士に対する肯定的な評価です。なおこのアンケートを行った際、ほとんどのアンケート参加者は２０１２年のネパール人元被告の再審無罪判決（いわゆる東電ＯＬ殺人事件。殺人の罪で15年服役したネパール国籍のゴビンダ・プラサド・マイナリ氏に無罪が言い渡された判決です）について日本の司法システムを高く評価する発言を行っていたことは考慮すべき要因でしょう。

しかしながら、このネパール人が持つ日本人弁護士に対するイメージが日本の司法システムに対する深い理解から生ずる結果であるか否かに対しては、私は否定的です。なぜなら、アンケートの(23)でネパール人は「自国の裁判制度をよく理解している」の設問に対して「そうは思わない」の方向に回答しているからです。つまり、ネパール人の日本人弁護士に対するイメージはあくまで「イメージ」であり、日本の司法システムへの理解を反映しているものであるとは考えにくいと思われるのです。

南アジアにおいて複雑な政治的経緯を辿り、現在も政治的安定を模索するネパールに関してはその国民が持つ自国の司法システムに対する評価を私たちが知るすべは限られていますが、『アジア・バロメーター南アジアと中央アジアの価値観』(65)にネパール人の政府に対する評価の一端が紹介されています。「ネパール政府はこの中の事柄について、どの程度上手に対処していると思いますか」という質問に対し、経済・政治腐敗・人権問題・失業・犯罪・行政サービスの質・環境問題など、ほとんどすべての分野についてネパールの人々は政府の業績を否定的に評価しているのです。また、政府の業績に関して特に「犯罪」の項目については、調査母数800人のうち、犯罪に対して政府が「非常によく対処している」が3人、「まあよく対処している」が92人、「あまりよく対処していない」が265人、「全く対処していない」が410人、「わからない」が30人と、厳しい評価が示されています。

司法通訳人として、刑事被告人や被疑者の様子を観察する機会が少なからずありますが、そのようなとき、来日外国人が本国の司法システムのイメージや、日本の司法システムに対する漠然としたイメージが、被疑者・被告人の発言や態度に影響を与えていることを切に感じることがあります。ですから「イメージ」を良い意味で覆してもらうという意味合いにおいても、司法通訳人が充分に実力を発揮して、日本における司法の手続きや、被疑者・被告人に保証された権利を丁寧に説明し、適切な通訳の実現を通して日本の司法制度や警察制度に対する正当な評価をしてもらう機会とすべきでしょう。

5　法の背景にある文化の複雑さ

法哲学の分野で著名な碧海純一教授は、名著『法と社会』(66) の中で、「法は通常、言語、宗教、道徳、政治、経済などとならぶ文化現象としてとらえられるが、実は、このような分類はあくまでも便宜的なものにすぎず、これらの文化領域相互のあいだでも、またそれらと法とのあいだでも、非常に複雑な交錯関係が存在する」と述べています。実際、日本の法律体系も様々な国の立法制度の影響を複雑に受けています。

偶然かもしれませんが、日頃から仕事の現場で、様々な外国人と接する機会の中で、法律一般に対するいわゆる遵法精神とでもいえる心構えが日本人とは異なるなと感じることが多々あります。各国の法律の源流を少しでも知っておくことは司法通訳人にとっては有益であると思えます。また単一国内でも異なった法律が適用される地域を擁する国もあります。そのような日本との事情の違いを背景知識として知っておくと面会の際に思いのほか役に立つものです。

法律体系の多様性については、比較法の専門家、五十嵐清名誉教授が『比較法ハンドブック』[67]の中で簡易に説明していますが、ここでは東南アジア諸国等の背景事情について、少し要約して紹介します。

フィリピン法：1889年以来スペイン民法典が適用、19世紀末にアメリカの植民地となり、今度はアメリカ法の影響を受け、現在は両者の混合法系に属する。ミンダナオ島ではイスラーム法が適用されている。

ベトナム法：古代より中国の支配下にあり、19世紀後半にフランス法文化の影響を受けた。1995年に民法典が編成され、現在は日本の法整備支援の対象国となっている。

インドネシア法：インドネシアは多元的な国家である。各地の慣習に仏教、ヒンドゥー教、イスラーム教が浸透した慣習法が浸透している。近代的生活の部門ではオランダ民法典の影響が強い。

マレーシア法：イスラーム教などの宗教の影響を受けた慣習法が発達したが、19世紀後半にイギリスの植民地となり、刑事法や商取引法の領域でイギリス法が浸透した。現在はイスラーム法への回帰と法の面でのアジア化が強まっている。

タイ法：固有法はインドのマヌ法典の影響のもとで発達したが、その後イギリス法、そしてさらにはフランス法、ドイツ法の影響を受けるようになった。１９３５年の民商統一法典は、実際上は日本の民法典・商法典ときわめて似たものとなっている。

パキスタン法：１９４７年のパキスタン国家誕生以後は、イスラームの精神に沿った法の近代化が進められている。

スリランカ法：住民が仏教徒シンハラ族、ヒンドゥー教徒タルシ族、イスラーム教徒に分かれ、それぞれの固有法が存在しているところに、近世以後はオランダ法とイギリス法の影響を受け、複雑な様相を呈している。

もちろんこの紹介自体、「慣習法」や「アメリカ法」「ドイツ法」などという用語の意味や違いが分からない方もいらっしゃるはずですが、こうして一部の国を見るだけでも、多様な文化背景や法的背景の違いがあることは理解できます。日本で生活する外国人の文化的背景、法的背景も、より複雑化していることを前提に司法通訳者もその仕事に従事する必要があります。そして多くの来日外国人にとって、宗教的背景も大きな意味を持っています。こうした各国の文化・法・宗教という背景が、それぞれの外国人の行動様式や規範意識に大きな影響を与えているといえるのです。

6　司法通訳人に求められること

ここでは文化的、法的背景を異にする被疑者・被告人が、日本の司法制度や基本的な法律の理解が不十分であるがゆえに引き起こされる影響と、そこに関わる司法通訳人としての法律知識やその素養の必要性について探ってきましたが、冒頭で述べたとおり、日本にはいまだ「司法通訳人」の統一的資格認定制度は存在しません。刑事訴訟法に規定される「通訳」に求められる資格や技能に関してなんら具体的な基準は定められていませんし、地方検察庁においてはその通訳人の選定に関しては各現場に一任されており、多くの場合は大学ないしは語学学校の教師などがその任を担っているのが現状です[68]。

しかし、移民先進国であるアメリカ合衆国においては、法廷通訳認定制度は我が国に比べて大いに整っているといえます。詳しくは最後の章で紹介しますが、州レベルではカリフォルニア州が「法廷通訳資格認定試験」や研修制度を整備して、高水準の通訳人を確保しています。また連邦レベルでも1978年に連邦議会が制定した「連邦裁判所通訳人法」が、連邦地方裁判所における司法手続きの当事者または証人で、英語の理解能力不足のため司法手続きを理解するのが困難と認められる者に対しては、通訳人を付してもらう権利を規定しています。そして、選任される通訳人については連邦裁判所の事務局長が能力認定の制度を整備・運営し、裁判官はこの制度を通して法廷通訳人資格を認定された者の中から通訳人を選任しているのです(69)。

日本に住む、日本生まれの日本人でさえ、刑法や刑事訴訟法に触れる機会は通常ほとんどありません。いわんや外国人をやでしょう。不安感の中では検察に迎合するような供述調書が作成されてしまい、後になって供述調書の任意性が争われることになりかねません。

２０１８年12月には入管法が改正され、新たな在留資格である「特定技能1号」「特定技能2号」が設けられ２０１９年4月より運用が始まりましたが、日本社会における新たな外国人材受け入れのための素地はまだ整っているとは言い難い状況です。法務省がいう「共生社会の実現」を私たちが実感し、これを実現するためには適切な司法通訳人による正確な通訳によって、我が国の刑事司法を適正に外国人にも運用する必要があります。司法通訳人の役割は今後「より高度な専門補助者」としての要請に応えうるものでなければならないのです。

V　イメージの違い、厳密な通訳に必要なこと

多くの日本人にとっておそらく最も身近に感じられる国、あるいは最も政治的・文化的・経済的に比較的長期間にわたって関係が深い国の一つはアメリカ合衆国でしょう。

しかし一方、私たちは海外ドラマなどを通して垣間見るアメリカ合衆国の司法システムに違和感を覚えたり、アメリカ合衆国で繰り返される、一般市民と警察組織との感情的衝突に、日本の「お巡りさん」とアメリカの「ポリス」との間に言いようのない隔たりを覚えることもあります。海外の法廷ドラマや海外警察ドキュメンタリーなどを通して日本の現状とは違うとの印象を持っているのです。

前章では、来日する外国人やその背景等、いわば日本からの視点で見てきましたが、本章では逆に、我が国の刑事手続きが外国からはどのように見られ、分析されているのか、特にアメリカ合衆国との対比を通じて考え、厳密な通訳には何が必要なのかを探ってみます。

I　我が国の刑事司法は「異色」か？

人は自分の興味の範囲内で知識を積み上げていくことが一般的ですし、毎日の生活の中でどのような行為が法律に触れる行為であるか否かをあまり意識することはありません。しかし、メディアなどを通して、どのようなものが法律に抵触する行為なのかを、漠然とではありますが意識的また無意識的に認識・判別しているのではないでしょうか。我々は自然と慣れ親しんできた法律や法体系を「より正しく」「より合理的である」と思いながら行動の指針ともしています。また、一国内に同一国籍を有する者の割合が非常に高い我が国のような状況においては、(70)「言葉」や「法」に頼らない「暗黙の了解」が広く浸透しているのも事実です。

日本の刑事訴訟法は、第二次世界大戦前は、フランスやドイツ法の影響を受けた糾問《きゅうもん》主義(71)・職権主義的な刑事訴訟法でしたが、戦後アメリカ合衆国憲法から影響を受けた日本国憲法の制定により、刑事訴訟法の憲法化が実現し、いわゆる英米法的な刑事訴訟法としての性格を持つようになっています。しかし母法から超越した「日本人の意識」が日本の司法全体に特別な意味を添えているとも思われるのです。

多くの国々の多くの国民がそれぞれ「自国民の特別な意識」というものを持っているで

しょうから、自国のシステムに対してもまた特別な感慨を持っているのは当然と言えます。それぞれの国のそれぞれの国民の「特別感」が、前述した「分かり合えない感覚」の存在に必要以上の意義を与えてしまいがちです。大多数の日本人の根底意識の中には「真実は一つである」「真実は時間をかければ必ず発見できる」という考え方があるかもしれません。裁判は真実を発見するためのものであるから時間が掛かるのは致し方ないという感覚は現在でも否定的ではないように思われるのです。

2　ステレオタイプからの脱却

穏やかで慈悲深い裁判官、鋭い目つきの検察官、熱血漢の弁護人というステレオタイプのドラマを目にしながら育つ日本人にとって、裁判は自分の主張を正しく受け止めてもらう最後の砦であるとの認識が強いでしょう。そのような「共通認識」を覆すドキュメンタリーが２００７年に放映され、その年の最優秀ドキュメンタリー賞を受賞しました。『裁判長のお弁当』という番組で東海テレビの阿武野勝彦プロデューサーが制作したものですが、ある裁判官の過剰ともいえる仕事量に圧倒される日常を追った、我が国で最初の「裁判官密着ドキュメンタリー番組」でした。その中でとある裁判官は「裁判所が最後の砦であるという穿った思いを持たれるのには困惑する」という意味の発言をしています。その発言を全く非難する気にはなれないほどの裁判官の仕事の莫大な量には言葉を失うほどなのです。

外国人被告人が持つ裁判官のイメージ

先にも紹介したダニエル・H・フット教授は「日本の刑事司法に流れる温情主義」[72]の中で我が国における刑事司法の特色を述べていますが、特に印象的な部分は、前述した「穏やかで慈悲深い裁判官」のイメージを外国人法律専門家として肯定しているところです。

教　授　は **"Japanese judges tend to give more lenient sentences so that defendants would be impressed with the generosity and thus encouraged to rehabilitate themselves."**「日本の裁判官はより寛大な判決を示すことによって被告人がその寛容さに心を動かされ、自ら社会復帰への意欲を高めるであろうと考える傾向がある」と述べ、日本の裁判官の「寛大な判決」は、被告への社会復帰の意識づけであると解釈しています。

外国人が初めて被告となった裁判員裁判の判決公判が開かれた、さいたま地裁の法廷の様子。写真奥から裁判官席、書記官席となるが、法廷通訳を行う場合には、自ら翻訳した資料を携え書記官席の隣に着席する。（2009年9月11日、時事）

これは日本人が持つ一般的な裁判官に対するイメージと重なるところが大きいでしょう。

しかしながらこれは裁判官に対して人々が持ついわゆる「グローバルスタンダード」なのでしょうか。このことについて考えることは我が国で裁判に臨む外国人被告人が持つ「裁判官のイメージ」と関連して大きな意味を持つと考えられます。

被告人が裁判官の存在をどのようにとらえ、どのように裁判に向き合うかは、被告人の文化的背景、つまり当該被告人の本国における、一般市民が抱く裁判官、警察官のイメージに依るところが大きいでしょう。裁判の現場において被告人が検察から提出された供述調書の内容を否定し、「なぜ、供述書に署名をしたのか」と問われ、「裁判の場で裁判官に話せばわかってもらえると思った」と答える場面に私は数度にわたり遭遇しています。被告・被疑者の検察への信頼度よりも裁判官への信頼度の高さが現われているると言えるかもしれません。各司法機関に対する信頼感、不信感は文化背景により異なっていることは想像に難くありません。

日本の司法に対するイメージ

ここにアメリカ合衆国における刑事司法の在り方について興味深い論文(73)があります。ニューヨーク・ロースクールのB・J・ジョージ・ジュニア名誉教授は「日本の刑事司法の健全な運営に貢献している〔のは〕(中略) きわめて高度の専門家意識である」「日本の司法の良心的かつ献身的な運営のレベルは傑出したものであり (中略) このような献身的専門家集団は、世界のどの国にも真似できないものかもしれない」と我が国の司法制度を絶賛しています。

一方、教授は米国の法律専門家については、次のように述べています。

「アメリカの法律専門家を世界のエリート・システムの中に含めようとは思わない。法曹資格の授与は全米各50州の責任であり、授与の基準が全国的に高いわけではない。だいたいにおいて、地区の検事は公選であり、連邦検事（United States Attorney）の場合は、大統領に意のままに任命され〔る〕（中略）。わが国〔米国〕には、私が日本の制度を特徴づけていると信じているところの、専門家の能力と職務遂行に関する高度の統一された基準が欠けているのである[74]」

アメリカにおいて自国の司法制度に対する「信頼感の低さ」が法律家からも指摘されるような状況なのであれば、そのようなイメージを持って来日し、犯罪を実行し我が国の管轄権に服することとなった外国人に、日本の司法制度に対しては全幅の信頼感を寄せてほしいと考えるのは少し難しいことなのかもしれません。

3 「正義」の違い？

２００９年に大きな話題を呼んだマイケル・サンデル教授[75]の『正義』を巡る著書や講演が日本の社会や教育界に与えたインパクトの大きさは、いまだ記憶に新しいと思います。それまで私たち日本人の意識下には存在したでしょうが、意思決定のそこここに「正義」の概念を顕在化させたことはなかったことを、サンデル氏の著述活動に触れることによって改めて確認させられました。

我が国において「正義」という文言が『言葉』として顕在化することがなかった理由は何でしょうか。

刑事訴訟法の手続きをはじめとしたデュー・プロセス[77]が公正と正義の実現をもたらすことを目的としていることには疑いの余地はないでしょう。しかし、我が国の司法の流れのどの局面においても「正義」という言葉は、ほとんど出現しないのです。四宮啓弁護士は示唆に富んだ分析を試みています。[76]氏はアメリカ合衆国と日本の刑事訴訟法に関する法律・文献・判例・実務を比較した上で、アメリカでは頻繁に使用される「正義（justice）」

「公正（fairness）」「正統性（legitimacy）」という言葉が日本で使われていることが、ほとんどないことを指摘し、「私なりの解釈によれば、「正義」は、法が運用された結果実現した状態に重心があり、「公正」は法の適正な運用という過程に重心があり、「正統性」は法あるいは法執行者に対する市民の認識に重心があるように思う」[78]と、解説しています。さらに、日本の刑事訴訟法において、この「正義」「公正」「正統性」という言葉がほとんど用いられていないことが、当該法におけるこの3つの要素の少なさの反映なのではないかと、問いかけているのです。また、その理由については次のように明解に述べられています。

「そもそも正義とか公正という概念は専門的概念ではなく、社会的な概念である。従って、「正義」の判断者は、合理人であって専門家ではない。つまり合理的通常人ということになろう（中略）。わが国においてこれらの概念が議論されることが少なかったことの一つの理由は、わが国の刑事訴訟手続きに、この合理的通常人が占める場所が全くなかったことと無関係ではないと思う。つまり、専門家が漠然と考えていた正義、公正、正統性が、所与の前提とされていたのではないか」[79]

これを私なりに理解するならば、アメリカ合衆国と我が国の「正義」の概念は寄り添うものではなく、アメリカにおいてはある程度の常識を備えた市民がたびたび意識するであろう「正義」の概念は、我が国においては「専門家」に委ねられたということなのでしょう。「正義」とは、その内容を「専門家」が決定する概念として長年とらえられていたことに気づかされるのです。「合理的通常日本人」は、それまで「正義」を専門家の専売特許としていたことに気づかされ、自分自身の日常に取り込もうとする意識が芽生えた瞬間であったといえましょう。正義とは何か、法とは何かということは専門家任せだった問いが個々人の意識の中に呼び覚まされたということでしょうか。

少し話が本題から逸れたかも知れません。私が言いたいのは、様々な「自由」が保障された我が国においてすら、いまだ気づいていない事柄もあるのではないかということです。翻って、様々な自由が制限されている国から来日している外国人に理解してもらうことは容易なことではないということを司法通訳の現場では感じるのです。

4 「警察官」・「検察官」イメージの隔絶

さて、刑事手続において外国人被疑者の前に初めて登場するのが警察官、そして次に登場するのが検察官なのですが、アメリカと日本の警察官、検察官のイメージには違いがあるのでしょうか。

デビッド・H・ベイリー名誉教授は、警察改革や日本法の研究にも造詣の深いアメリカの刑事法学者ですが、教授の指摘によると、アメリカ合衆国においてはしばしば警察官の残虐性・粗暴性・道徳的退廃が問題視されているようです。一方で教授は、「日本の警察官が強い自己肯定感を持って仕事に臨んでおり、社会から高い支持を得ているとの自負を持っている」と解説しています。[80] 市民が銃を所持しているなどの社会状況の違いを考慮してもなお、日本の警察官が一般市民から積極的な評価を受けていることを、日本と米国との警察組織に関する大きな違いとして指摘しています。[81]

また、日本法の学者としても知られるワシントン大学のジョン・O・ヘイリー教授は、日本の刑事システムの特殊性として、「日本における司法システムの特色として裁判以外での解決を求めようとする傾向がある」と指摘しています。[82]

検察官の認識に大きな隔たりがあることについても、ハワイ大学教授で法社会学や日本研究を行っているデビッド・T・ジョンソン教授が『日本における正義感』で指摘していますが、[83]教授が実施した、日米の検察官が考える「訴追の意義」の相違についての興味深い調査があります。日本の検察官が「被告から悔悛の情を得ること」を訴追にあたって第2番目に重要な意義であると考えていることに比べ、米国のプロセキューター（prosecutor検察官）は「悔悛の情を得ること」の重要性を第16番目に挙げたにすぎなかったのです。アメリカではあれほど長い東京拘置所の空を窺い知ることができない廊下も全く不要ということになるのでしょう。

5 「真実」は一つ？

日本人の多くは幾度となく、あらゆる場面において「頑張れ」と言われ続けて社会を生きています。頑張れば、必ず何かが手に入るという絶え間ない激励の中を進むことが目標に到達するための正しい道であり、その道の終わりには「真実」が待ち受けていると教育的説示を受けて育つのが多くの日本人でしょう。例えば、刑事事件においても「ただ一つの真実」を求めて検察は追及し、「ただ一つの真実」を守り抜くために弁護側も弁論活動を行うと、我々多くの日本人は考えているのではないでしょうか。

しかしながらインディアナ大学ジョーゼフ・ホフマン教授の見解は、私たち日本人にとって、大変興味深いものです。ホフマン教授は「「真実」と日本の刑事訴訟法」(84)の中で、「日本の刑事司法のその（興味深い）一側面とは、「真実」の発見を明示的に強調していることです。「真実」に対する日本での姿勢と、アメリカの刑事司法において趨勢を占めるそれとでは、根本的な違いがあるように思われます。そして、この違いを探求することこそが、例えば弁護人選任権、自白の地位、答弁取引、陪審裁判、上訴権のように、日米両国で異なっている様々な刑事手続き上の問題点について、十分な理解を得るためのよすがになると思われるのです」と述べ、「真実」に対する見解の違いが日米間の刑事司法制度の大きな差異となって明らかな形で確認できると言います。

また、「アメリカの検察官、弁護人、刑事裁判官の視点からは、「真実」の探求のためにどれだけ時間と手間暇をかけたにしても、事実関係の争いの中から「真実」が必ずしも明確に浮かび上がってくるとは限らないことは、明らかであろう。しかしながら、日本の検察官、弁護人、刑事裁判官の視点からは、「真実」の追求を諦めない限り、「真実」は発見できるものだという固有の自信、あるいは信念があるようである」と分析しています。逆に、アメリカ人には「刑事司法が「真実」をあぶりだすことに常に成功する旨の認識論的信念はほとんど見られない」、これは「客観性という概念そのものを拒絶する20世紀後半の知的傾向に関係しているのであろう」と指摘しています。(85)

ホフマン教授はまた自白についても指摘をしています。日本における「自白」は被疑者が、「自白して罪について相応の償いをしなければ家族や社会からは多分快く受け入れてもらえないだろう」との心の動きが自発的に被疑者をして自白を行わせているという、日本の社会的文化背景の指摘です。これは私にとっても非常に興味深い見解でした。

教授が本論文を発表したのは今から20年も前ですが、「日本の刑事司法の将来における最大の課題の一つは、このような典型に当てはまらない被疑者が増加することにどう対処するかであろう。そのような非典型的な被疑者としては、反体制派、組織的犯罪者、外国人等が含まれるが、これらの者により、日本の警察や検察の決意のほどが検証され、ついには新たな方策が必要となるかもしれない」とも述べているのは驚きです。

昨今の我が国においてはホフマン教授が指摘した「非典型的」な被疑者の増加がすでに顕著になっており、日本人の心情的文化背景も変化を遂げています。教授が指摘した、日本における「新たな方策」の一つとして「裁判員制度」が採り入れられたこともまさしく、日本における刑事司法制度の大きな転換点となったことは間違いないでしょう。

Ⅵ　グローバル化する社会と司法、司法通訳の能力向上のために必要なもの

司法通訳人の基礎的法知識教育の必要性と、それは何故必要なのかについて、ここまで縷々述べてきました。最後の章では日本弁護士連合会から２０１３年に出された『法廷通訳についての立法提案に関する意見書』の趣旨を検討するとともに、アメリカ合衆国連邦裁判所の米国法廷通訳人に関する規定 Federal Court Interpreter Orientation Manual and Glossary を参照しながら、進展するグローバル化の中で我が国で求められる司法通訳人の根源的な質の確保に向けての教育整備について、通訳の現場で痛感してきたことを交えながら考えていきたいと思います。

Ⅰ『法廷通訳についての立法提案に関する意見書』

２０１３年７月18日、日本弁護士連合会から『法廷通訳についての立法提案に関する意見書』（以下「意見書」）が提出されました。「法廷」通訳ですから、刑事公判、裁判における通訳人に関する意見書です。しかし、「国語に通じない[86]」被疑者・被告人の存在が顕在化して久しい日本の社会状況に照らすと、この時期に至っての本意見書の提出はいかにも遅きに失したと言わざるを得ないというものでした。また、この意見書は、主に法廷通訳人の1．数の確保、2．質の確保、3．報酬基準の設定を求めることに重点が置かれており、日本における法廷通訳人の司法的業務を遂行するために最低限必要とされる法律の知識や教育についての必要性についてはこの意見書の中ではほとんど触れられていません。2013年の意見書の主眼は、法廷通訳人の待遇の改善と確保に置かれている感が否めないのです。

しかし、法廷通訳人の存在意義が、被告人に司法手続きを遅滞なく理解させること、公平な裁判の実現と法の適正手続きの実現にある以上、通訳人の待遇改善を強調するにとどまらず、本来であれば、アメリカ合衆国の連邦『法廷通訳人法』に定められているように、法廷通訳人に司法制度や法律知識の既修を求めるべきではなかったのかと非常に危惧しているのです。

根源的な質の確保

ここで、根源的な質の確保というのは、「通訳人は自らが発している用語の意味を理解しながら訳しているのか」という根本的な言語使用を問題にしています。広島大学元教授でジョージタウン大学招聘教授のカール・F・グッドマン氏がその著書『日本における法の支配』の中で、我が国における刑事訴訟法の手続きについて“What you see may not be what you get.”と、極めて抽象化してその問題点を指摘していますが、[87] 日本における司法通訳人に対する法学基礎教育実施の消極性に起因する問題点はまさにWhat you say may not be what you mean.「意図したとおりに伝わってない可能性あり」に尽きると言えるでしょう。弁護人や検察官そして取調べの際に警察官が使用する法律用語を正しく理解して、その内容が適切に被疑者や被告人に確実に伝わっていることがとても重要ですし、当然そうでなければなりません。

また、司法通訳人は法律用語以外でも、その言葉が含意する、例えば任意性・強制・故意の有無など、表現している言葉の作用に関しても敏感でなければなりません。[88] 日本語の「突然」を例にとって紹介してみましょう。

「突然」(「突然背後から手をかけられたために身を守るために反撃した」などの場合の「突然」)をsuddenly《サドゥンリー》と置き換える通訳人が多いようですが、手をかけられた側が被疑者である場合、suddenlyだけで「突然」を表現してしまうと被疑者にとって不利になる可能性があります。日本語の「突然」にはその行為が遂行される「スピード」以外の要素も含まれています。けれども suddenly は quick《クイック》 の要素と unexpected《アエクスペクティッドゥ》 の要素が意味の中核を構成しているために、何の前触れもなく意表を突かれた形で背後から手をかけられた被疑者の反撃の正当性に関する考察に結び付けることが困難となることもあります。

しかし、ここで通訳人が suddenly and abruptly《アブラプトゥリー》 と通訳することによって状況をより鮮明に具体化することが可能となり、幾分でも被疑者の反撃行為に正当性があるのではと考える余地が生まれるのではないでしょうか。abruptly には全く予測もしていなかった事態が身に降りかかったことを暗示するニュアンスを持っているからです。

これは背後から突然、肩をつかまれ引き倒されそうになった被疑者が反撃したという傷害事件の事実関係を被疑者に対して、訳し聞かせていた際に「突然」という日本語表現を"suddenly and abruptly"と私が訳すと、被疑者が「これまでの通訳では suddenly としか言われていなかった」と申し述べた実例に基づくものですが、日本語の一単語を英語の一単語で置き換える危うさがあることを示すものと言えます。

つまり犯罪の成立には、問題の行為が犯罪の構成要件（刑法等の条文で犯罪として規定されている行為の類型といった意味）に該当し、違法性を有し、行為者に責任があるという要素が必要ですが、仮にそれが自身が突然殴られた結果とっさに反撃したような場合には、違法性がなく正当防衛が認められ犯罪が成立しない場合もあり得ます。事実関係を通訳するときに、状況を忠実に再現することへの配慮が充分でないと、こうした正当防衛に該当するような事実が見落とされてしまい、不当な状況もたらされかねません。通訳人は一単語を一単語で置き換えることに執着しがちですが、状況をより正確に再現しようとするならば、ここで敢えてabruptlyを付け加えることによって被疑者の起訴・不起訴に大きく関わることとなる重要な点について、より現実に沿った厳密な表現で被疑者の行為をより正確に再現することが可能となるのです。

繰り返し述べていることですが、司法通訳人は法律の基礎概念についての理解が求められるとともに、事実関係を言語によって、正確で厳密に再現することも常に求められます。ですから、日本弁護士連合会の「意見書」が法廷通訳人の数と質の確保、そして報酬基準の明確化を求めながらも、米国が行っているような、法廷通訳人への司法制度や刑事手続の教育については重点を置いていないことは、いかにも通訳の「質」を狭義にとらえているようにも思えるのです。

日弁連の意見書の趣旨

さて日弁連の意見書の趣旨は大きく分けて以下の2点にあり、2点目はさらに5項目に細分化されていますが、次の項目についての最高裁判所規則の定めを積極的に検討すべきであるとしています。

(1) 通訳人の報酬制度の規定
(2) 公判廷における通訳の質の確保のための規定
① 誤訳防止のための複数選任
② 事前準備の機会の付与
③ 事後的な検証のための録音・異議・鑑定の規定
④ 訴訟関係者に対する配慮義務規定
⑤ 裁判所に対する配慮義務規定

ここで挙げられた意見書の趣旨は、大変重要な点ではありますが、実務面・運用面の視点からは現実的には、裁判所の刑事部の事務方や担当弁護人の配慮によって、すでに大きく改善を見ている事項です。

法廷期日に法廷通訳人が手元に置いて通訳すべき資料[89]が前日の夜遅くに届くというような、正確な法廷通訳を実施するには準備時間があまりにも少ないというような状況も以前は目立ちましたが、最近では検察側、弁護人側の配慮により、要通訳人事件に関しては早めに資料が提供されるなど、規定の不存在にもかかわらず運用面での配慮がなされています。もちろんたっぷりと余裕があるわけではありませんが、以前に比べて通訳人の介在を意識した実務の流れが整ってきていると感じます。

また、報酬についても、法テラスでは書面による報酬規程が明確に示されており[90]、多くの場合、希望すれば現場での報酬の現金精算も実行されています。また、法廷通訳人を受任する際にもあらかじめ裁判所の刑事訟廷事務室から報酬に関しての確認および同意がとられているのが一般的な運用です[91]。

最高裁判所事務総局刑事局が監修する『特殊刑事事件の基礎知識』では、先の(2)①から④についての留意点を起訴後に焦点を絞り、法廷通訳人の運用について、具体例を交えながら外国人刑事裁判手続きに解説を加えています。司法通訳人にとっても有益な情報が盛り込まれていますが、手続きに関する解説としては刑事裁判実務者[92]に向けての留意点が中心となっています。

日本弁護士連合会が意見書に盛り込んだ、法廷通訳人の便に供するための方策は実務面ではすでに採られていると言えますが、やはり法廷通訳人がレファレンスとして依るべき、多言語運用に配慮した法律概念の解説や法律知識基礎教育に言及している参考資料は極端に限られており、一部の法律学者による問題点の指摘にとどまっているという印象を強く持っています。

「意見書」では先に紹介した項目についての立法化が求められています。しかし、本来求められるべきは、司法通訳人の刑事手続きに関する知識や法律教育の充実であり、それこそが要通訳事件の司法通訳人運用における信頼性を高める試みになるというのが私の実感です。

警察署や拘置所での接見や法廷における通訳人の役割はあくまでも補助的なものですが、言葉の変換の精度を限りなく高めるためには通訳人自身が意識的に能力を磨く努力が必要です。法廷通訳人は裁判官を背にして法廷を見渡す位置に座ります。たとえようのない緊張感に圧倒されないためには「この事件についてはいくまで書面を読みこんだ」という自分に対する自信が必要です。日頃から刑事訴訟法の基本書を読んだり、英語で書かれた日本の刑事手続きに関する解説書を読んでおくことで、頼りになる自分が咄嗟の時に素晴らしい単語を閃かせてくれるのです。これまで法曹界から司法通訳人の通訳内容の正確性についての疑義が指摘されてきました。また疑義を明らかにするために法廷に持ち込まれたケースも少なからず存在しますが、多くの場合は一審において被告人が司法通訳人の完全とは言えない通訳行為によって被ったであろう不利益を甘受しなければならない結果となっています。(93)

以下で紹介する、アメリカ合衆国連邦裁判所の「米国法廷通訳人（court interpreter）」に関する規定「米国連邦裁判所通訳人オリエンテーションマニュアル(94)」の中でも「2言語の知識があるというだけで通訳ができると、多くの人が誤解している(95)」と述べられており、法廷通訳人に求められる通訳対象2言語の運用能力は、一般的な言語能力とは全く異質なものである旨を強調しています。

この点に関しては日本においても同様の言語運用能力の要求が存在しますが、あくまでも努力目標あるいは奨励すべき事項との扱いにとどまっています。「要通訳事件では、適格な通訳人を選任することが極めて重要ですが、適格な通訳人であるためには、十分な語学力を有するとともに、中立公正であることが必要です」「法廷通訳を行うに当たっては、語学的な面だけではなく、その国の文化や法制度などを理解するよう日ごろから務めてください」[96]という、一般的な努力義務について触れられているにすぎないのです。

2 法廷通訳人に求められるべき「質」――日米の違い

法廷通訳人の必携書である『法廷通訳ハンドブック 実践編』が多くの通訳対象言語で発刊されていますが[97]、これは日本語の法律用語を他言語に置き換える辞書としての役割を果たすものであって、法律についての解説を行っているものではありません。また、このハンドブックでは判決と判決理由の通訳例を各言語で紹介していますが、紹介されている事例の数は、大変限られているため、通訳例を参考にして実際に法廷で通訳する際にはそれなりの応用力が必要です。応用力を発揮するための拠りどころとなるのはやはり法律の素養でしょう。

日本弁護士連合会の「意見書」の中に法廷通訳人に対する刑事法の基礎法律教育の重要性について明確に述べている部分はありませんが、必然的に法廷通訳人への基礎法律教育の必要性が導き出されると解釈すべき記述があります。

「意見書」の、「第3　立法の必要性（立法事実）ないし対応の必要性」の中で「これらの規定が、被告人の法廷での主張・応答内容を正確に訴訟関係人に理解せしめ、併せて被告人が自らの訴訟の経過・内容を理解し得る状況におくことで、被告人の刑事手続上有するあらゆる権利、ひいては裁判を受ける権利の保障を実あるものにすることを目的とすることは明らかである(98)」と示されている箇所です。

「被告人の法廷での主張・応答内容を正確に訴訟関係者に理解せしめ」、「被告人が自らの訴訟の経過・内容を理解し得る状況におく」ことで「刑事被告人の刑事手続上有するあらゆる権利、ひいては裁判を受ける権利の保障」をするのであれば、法廷通訳人に求められるのは、文言の逐語的な置き換えのみにとどまらない事案内容を理解した上での厳密な通訳でしょう。法廷で語られる法律用語の持つ意味や、刑事手続きに対する理解が不十分であれば「正確な通訳」は困難ですし、日弁連が求めるような法廷通訳人の「質の確保」もまた困難です。私が、司法通訳人に基礎的法律教育が必要であり、それなくしては「正確な通訳」の実現は困難であるとの主張をしている根源的な理由はこのようなところにあるのです。

米国連邦裁判所通訳人オリエンテーションマニュアル

一方、米国連邦法廷通訳人法では、刑事法の解説や概念の説明に重きを置いており、60ページに及ぶマニュアルが用意され、裁判制度や法律用語についての説明が丁寧になされています。細やかな法律概念の解説と連邦裁判所の手続法の機能に関する解説がされていることにデュー・プロセス・オブ・ロー（due process of law）、すなわち「法に基づく適正な手続き」の神髄を見ることができます。

マニュアルのまえがきでは、法廷通訳人の存在意義を説いた著名な判事アービング・R・カウフマンの“Not only for the sake of effective cross examination, however, but as a matter of simple humaneness, Negron deserved more than to sit in total incomprehension as the trial proceeded.[99]”という言葉を引用し、「法廷通訳人の任務を、尋問の効率化や検察・裁判所の便宜に供するためと述べるにとどめるのではなく、法廷の進捗を被告人に遅滞なく同時進行的に明確にするという人道的な権利保障の側面が強調されるべきである」ことを明らかにしています。

我が国の刑事訴訟法175条（通訳）が要通訳者を「国語に通じない者」と表現しているのに対し、連邦法廷通訳人法マニュアルにおいては「英語運用能力が限定的である者(Limited English Proficiency (LEP) individuals)」と表現していることからも、通訳者の介在が必要とされる被疑者や被告人に対して向けられる視線の寛容度の差を感じざるを得ません。

また日本では、日本語が理解できるか否かという視点が出発点であるのに対して、米国では、自国社会を「米国における言語の多様化は、法廷通訳人の必要性の高まりをみても明らかである(Linguistic diversity in the United States is evidenced by the increasing need for interpreters in the courts)」とし、言語の多様性を認容しているのですから、米国社会における異文化の存在や権利保護意識に対する認識と、我が国の認識との差異は、法廷通訳人に求める能力にも差異をもたらしていると考えられるでしょう。

我が国においては「国語を解さない者」が関与する犯罪について、日本語で行われる刑事手続きを、司法側の利便性を担保する目的で通訳人が運用されているとも言えるのであって、米国のように「言語の多様性(linguistic diversity)」の要請に応えるために「英語運用能力が限定的である者（Limited English Proficiency individuals）」に対して司法の平等性実現を目指して通訳人が運用されているわけではないとさえ思えてきます。

なお、連邦法廷通訳人法マニュアルのまえがきでは、現在運用されている有資格法廷通訳人はハイチクレオール語、ナバホ語、スペイン語で要通訳案件の96％を占めていることにも言及しています。苦しくも、米国がかかえる歴史的背景・移民問題・原住民差別問題など多くの現代社会問題を反映した形となっていますが、我が国においても同様の社会問題が生起しつつあることは、司法通訳人の実感として、ここまで紹介してきたとおりです。貧困や多重債務に苦しむ人たちがネット社会で簡単に犯罪実行部隊の一員として国境を越えている現実は既にかなり深刻な状況となっています。

我が国においては、法廷通訳人の「質の確保」は逐語的な訳の正確性が中心に据えられていますが、米国においての「質の確保」はこれを超え、さらに手続きの進捗状況や内容について通訳人が適切に理解した上で言語化することが要求されています。その実現に向けて教育や資格試験が導入されているのは、公民権運動を通して涵養されてきた社会における権利意識の浸透や多言語社会における言語間の衝突を回避する社会的要請であるとも理解できるでしょう。

しかし、我が国における外国人犯罪者の顕在化は比較的最近の社会事象であることから、米国のような被疑者・被告人に対する視点は、日本では最近まで看過されてきたのではないでしょうか。けれども、今後も人口政策、観光、また労働市場開放の観点から多くの外国人が政策的に増加することは想像に難くありません。社会の流動化がすでに予感される中、司法の分野においても米国や諸外国の政策から学び、制度を整えておくことは喫緊の課題なのです。

マニュアルの内容

この米国連邦裁判所通訳人オリエンテーションマニュアルについて、もう少し詳しく説明しておきましょう。マニュアルは4つの章で構成され、用語集が巻末に付されています。

第1章では、連邦裁判所の構成についての解説に15ページが割かれています。米国内には連邦裁判所と州裁判所があり、それぞれ設置者が異なること、そして連邦裁判所には年間約100万件の事案が持ち込まれ、その約80％が破産申請であり、10％が重大事案には分類されないものであること、さらに州裁判所には年間2700万件の事案が持ち込まれ、一般市民が当事者になる可能性がある強盗事件、交通違反、契約不履行や家庭内の紛争などは多くの場合は州裁判所の管轄である、というような説明がなされています。この章では裁判管轄権、民事事件と刑事事件、公判前整理手続き、判事と陪審の役割、当事者主義、証拠採用、判決の種類、上訴など裁判に関する根幹的基礎知識が分かりやすく取り上げられています。

第2章では、逮捕から法廷に出廷するまでの手続きについて、細やかな用語の説明と司法制度上の意義についての解説がなされています。また、通訳の際に使用すべき機材や通訳のモード、すなわち同時通訳か遂次通訳かなどの指標が示されています。その他にもグループヒヤリングの際の通訳では被告人の発言が重ならないようにする方策を示した上で、その意図は、法廷通訳人の通訳した内容を正確に記録するためである、というように刑事事件手続きの各段階の説明・解説とその意義が詳細に述べられています。

第3章では、法廷通訳人に求められる、通訳技能・言語運用能力・通訳モードの使い分け・通訳の正確性・倫理責務などについて記述され、事実認定の厳密さを担保するために法廷通訳人の「語り口」が被通訳人の「語り口」より控えめである必要性など、細やかな指示がなされています。さらに、法廷における法廷通訳人の位置、使用できるレファレンス資料の種類、飲料水の設置、法廷通訳人の複数配置の基準、通訳内容に対する疑義が生じた場合の対応の他、訂正の方法に関しても、厳格な裁判手続きの中断などが起きることがないようにするための心得など、法廷通訳人に求められる多岐にわたる技能が詳細に明文化されています。

第4章では、法廷通訳人のためのオリエンテーション実施規定、宣誓規定、契約条件、FBIによる履歴調査、旅費規程、報酬の支払い方法などについて、主に事務的に、通訳人が合意すべき事柄についての記載があります。このようにマニュアルには法廷通訳人があらかじめ知識として蓄積しておくべき項目について必要十分な情報が豊富にかつ丁寧な説明が加えられて盛り込まれています。

我が国の『法廷通訳ハンドブック』は有益な記述が多いものの、典型事例を基にした典型的な訳例が中心となっています。しかしながら、実際の刑事事件ではそれぞれの事案が典型例に当てはまることはそうそうありません。ですから、米国法廷通訳人マニュアルのように、それぞれの法律用語がきちんと定義づけされていれば、かえって具体事例に援用しやすくなるのです。私たちの学生時代の経験を呼び起こすだけで分かるように、基本をしっかり理解していないと応用問題が解けないという悲劇に見舞われるということです。

我が国における司法通訳人のほとんどは法律の専門家ではありません。典型例が与えられていても典型例とそれぞれの刑事事件の事案との共通点や相違点を見極めて典型例を援用して当てはめることは、とても難しい場合が多いのです。遠回りのようではありますが、刑事手続きの共通項目についての概念や定義の理解が進むことによって裁判資料の翻訳や、法廷の場での証人尋問にも適切に対応することが可能となると確信しています。もしかすると、刑法や刑事訴訟法をはじめとした刑事法の存在をほとんど意識することなく過ごしている司法通訳人も中にはいるかもしれませんが、「法廷通訳人（司法通訳人）は自分の発している言葉の意味を知っている必要がある」ということなのです。

3　米国法廷通訳人に求められる通訳能力

米国連邦法廷通訳人オリエンテーションマニュアルには、通訳人に必要な技能として10項目が列挙されています（以下は、筆者訳）[100]。

- 通訳対象両言語に関する包括的で十分な知識。
- 聞いた内容をよく理解し、被通訳人が伝えようとしている内容を正しく理解できる能力。
- 全体を通じて貫かれている論理性に従って語りの内容の理解を進めることができ、その内容の個々の重要性の差異を判断することができる。
- 短期記憶に優れており、聞きながらメモを取るという同時進行の作業をこなすことができる。
- 豊富な語彙力を備えており、専門用語だけではなく、知識の幅が広範囲に及んでいること。
- 発話能力に優れており、発声および発音も明瞭である。
- 単語の意味や使われ方の多様性についての知識があり、具体的な違いについても知識を持っている。地域性や文化の違いが言語に与える影響についても知識と具体的な事例を知っている。
- 被通訳人の多様な学習履歴によって生じる、発言内容の多様性に対してもそれを再現して通訳できる能力がある。
- 両言語の、くだけた表現や慣用的表現に関する知識を持っている。

・　卓越した職業人としての意識と優れた道徳観を持っている。

以上の項目は、法廷通訳人に求められる能力としては至極、常識的な要求であると考えられます。加えて、この10項目はユニバーサルな基準であるとも言えるでしょう。我が国の司法通訳人に求める通訳技能としてもそのまま正統性を持った要求であると言えるはずのものです。

契約社会である米国に比べ、我が国においては「言わなくても分かる」ことが重要視されています。しかし、我が国の司法通訳人は日本人ばかりとは限りません。近年は当然のことながら多くの外国人が日本の法廷でも、そして国選弁護人の通訳としても、その言語能力を活かして活躍しています。それゆえに、文化の違いや倫理観の違いに左右されることのない、こうした通訳能力の評価基準を明示化することは我が国の司法通訳人についてもとても重要なことなのです。

日本弁護士連合会による「意見書」には、この10項目のような「司法通訳人が持つべき能力」についての言及は見られません。連邦法廷通訳人オリエンテーションマニュアルは、第4章以降で刑事事件の手続きに関する重要な法律の概念に関しても分かりやすい説明が加えられています。このようなハンドブックを作成し、法廷通訳人に求められる通訳能力の基準を明確にしてこそ、日本弁護士連合会が求める「司法通訳人の資格制度の創設」が可能となるのではないでしょうか。

4 警察・検察・裁判所をつなぐ試み

日本弁護士連合会の「意見書」の提出は、司法通訳人資格制度の創設が長年待たれていたがために、少々その内容は物足りないものと言わざるを得なかったのでしょう。2013年に意見書が出されてから現在も立法化に向けたさしたる進展は見られていません。

しかし明らかに、我が国の社会、司法制度の中では、かつてないほどの「国際化」「グローバル化」が進展しています。現在、要通訳事件において英語が使用するとされているのは最高裁判所の事務総局規定によれば約61か国に及びますが、少数言語であれば司法通訳人の第一言語での確保は困難であることが多く、「理解することができる」と裁判所で判断する言語での通訳人が選定されるのは前章までに述べたとおりです。そしてこれら61か国の中には英語が「主要言語の一つ」であるにすぎない国が少なくありません。そのような事情ですから、被疑者の言語理解能力が比較的制限的であることも珍しくありません。

例えば、英語での司法通訳人の場合、被疑者あるいは被告人の日常使用言語が英語でない場合も多く、そして本国での学習履歴がさほど充実した者ではないことが多々ある現状では、通訳人は弁護人などの助言を頼りに、法律用語の逐語的な訳だけではなく、用語自体の概念の説明が必要となる場面がこれからますます増えることが予測できます。また、それとは逆に、英語を第一言語とする高学歴の外国人の要通訳事案も増加しています。そのような場合は、本国法の専門知識を持った被疑者や被告人に対して、弁護人が我が国の刑事手続きについて詳細に説明をする場面があります。そのような場合、限られた接見の時間を使って精密な事実関係の確認を行うためには、司法制度の違いの説明に多くの時間を割いている現状は得策とは言えないと思われます。

日本の刑事手続きでは、起訴か不起訴を判断するのは検察官ですが、時として警察と検察官の区別もつかない被疑者に弁護人が事実関係を確認する作業は、通訳人との共同確認作業としての意味合いが強いものです。多くの司法関係者の要求は、司法通訳人には「聞いたこと」「言われたこと」をただ正確に、2言語で話してくれれば十分である」、また「ただ言われたことを他の言語に置き換えてくれれば良い」というものが中心ですが「正確」な通訳は、米国連邦法廷通訳人マニュアルにあるように、言語に関する深い知識と専門用語知識、そして高い知性に裏付けられた言語処理能力が必要です。

我が国の社会の構成員の複雑化は、言語の複雑化を生み、その影響は司法制度の適正な運用にも影響を与えようとしています。法律は文化の影響を強く受ける、そして言語は文化そのものであるともいえるでしょう。司法通訳人は言語の置換だけではなく、法文化を理解した上での言葉の置換ができる実力が求められてきているのです。

現状では多くの司法通訳人は法学、法律学の知識を持たない者です。倫理的職業観を持つための訓練や教育を受けていない者もいないとは言い切れません。法律の基礎知識を備えた司法通訳者が任務を遂行するために、体系的な学修の機会を司法通訳人に用意し、既修程度を測定し、適正な能力を備えた司法通訳人を養成する仕組みは、かつてないほど待たれているといえるでしょう。

起訴・不起訴の決定に大きく関わるという意味においては、警察における留置施設での通訳人の役割は大変重要です。また限られた時間の中で有能な通訳人が活躍し、被疑者が供述する正確な内容を検察官に伝達し、その結果が公判につながっていくためには、言語能力のみに集中しがちな司法通訳人の能力の評価を、専門用語の知識にまで早急に広げることが必要であるのです。

5 グローバル化が刑事司法・要通訳事件に与える影響

現在、世界的に経済格差の広がりが問題となっている中で、我が国においても経済格差や貧困の問題について頻繁に各新聞紙上でも取り上げられるようになってきています。(101) 社会の中に治安悪化への不安が蔓延し始めると、刑事法的な施策にも何らかの変容を促す圧力が高まるとも予想されます。

前章でも紹介したホフマン教授は、米国でも刑事法のリハビリテーション機能を再び復活させようとする動きが見られることについても言及しています。(102) このような米国での動きは、長年にわたりリハビリテーションと犯罪者の社会復帰を実現してきた我が国の刑事司法から学ぼうとする動きであると考えられています。しかし、米国が我が国から学ぼうとしている動きと同時進行的に、我が国においては、米国の刑事手続制度を積極的に採用しようとする動きが活発化しているのも事実です。

グローバル化は法律の相互理解や社会制度の在り方、そして政治の在り方に強い影響を与え、一国内の社会構造に変化を惹起していきます。我が国でもすでに深刻化している経済格差がもたらす社会の意識変化もこの一例でしょう。そして我が国特有のコミュニティー・コントロールの機能も、市民の生活圏の拡大や通勤圏の拡大に伴い、コミュニティーに対する意識の希薄化に解消されつつあります。地域の安全安心を求めながらも地域コミュニティーとの連帯が薄れていく現実の中で、地域のセキュリティーを強化するための警察力の強化、刑の厳罰化を求めることはある意味、仕方のないことなのかもしれません。しかし、一方犯罪を犯した人に対し改善更生を促し、家族や地域で支えていくという旧来の日本的刑事司法の処理はグローバル化の流れの中で国民の支持を得られなくなりつつあるようにもまた思うのです。[103]

6　本書の結びにかえて

グローバル化は、人と資本を国境という制約から解放することを目指しました。その結果、資本の流動性の高まりが経済格差を生み、社会の不安定化を促進するという弊害をもたらしたと言えるでしょう。また、そのような動きが本来、国境を前提とした刑事司法の分野にもグローバル化をもたらせようとしていると言えます。しかし、法律は社会の価値観そのものを強く反映する存在です。グローバル化の容認は社会の根幹理念の変革そのものにつながる可能性を内包しているといえます。社会の根幹理念の変革には移行期間が必要であったことは歴史が証明していますが、変革と揺り戻しを繰り返し、社会の要請に応える形で解釈されていくのが法律であるといえるのです。理想とする刑事司法制度の導入はどの国においても極めて実現が難しい課題でしょう。流動的な世界情勢と流動的な犯罪の在り方に対処する最適かつ最善の方法を見出すことは難しい。しかし、その流動的な現状の中においても、要通訳事件における通訳人が果たす役割が、ますます重要性を帯びていることは誰も否定できません。

我が国においては司法通訳人に対する適切な資格制度がいまだ存在しません。資格制度の創設には多くの時間と組織的な検討が必要とされます。しかしながら司法改革は進み、新制度の運用も進行しています。「取調べの可視化」「協議・合意制度（日本版司法取引）」「黙秘権の告知」など、使われている用語が類似していても米国と日本ではその意義や解釈に違いが存在する場合も少なくないのです。要通訳人刑事事件においては、これからますます通訳人が正確に理解しておくべき新しい法制度が誕生していくかもしれません。そして、そこにはそれぞれの国の文化や法制度に根差した解釈の違いが歴然として存在するのです。

要通訳刑事事件における司法通訳人の熱心で我慢強い仕事ぶりはいわば「裏のおもてなし」には欠かせない重要な要素です。空港の税関から警察署に送られ、勾留施設で「交流」するのは、警察官、検察官、弁護士そして裁判官という極めて特殊な日本での滞在生活を送る被疑者もいる中で、言葉と情報と状況をつなぐ通訳の実力の均質性は決して軽視することができない大切な要素です。勾留施設で、そして拘置所で最後の接見の日に分厚いアクリル板に開けられた円い窓を通してありがとうの声が聞こえてくる瞬間が司法通訳人としての仕事に合格点をもらえたかしらと思える幸せな時です。要通訳事件の手続きの進行を最適化するために司法通訳人は存在しますが、男女を問わず灰色一色の上下服を着せられた多様な背景と被疑事実・公訴事実をかかえる被疑者・被告人が発する無数の言葉を通訳する任務は、日本における刑事司法の適正な運用や正当な防御権の存在を地道に発信する重要な役割の一端を担っていると言えるのではないでしょうか。最近は、法テラスからの対応可否問い合わせの電話が鳴る頻度が高まっています。ふさわしい能力を備えた司法通訳人が活躍するためには、基本的な法律、法体系、概念を理解し学習する機会の創設が喫緊の課題であることには疑う余地がありません。

第Ⅰ章　注

（1）　この点について、植村立郎「来日外国人の刑事事件と通訳—裁判の立場から」（国際人権9号、国際人権法学会、1998年、44頁）は、「通訳人自体については、基本的な日常会話能力、識見、秘密の保持能力、誠実で真摯な通訳態度といった通訳人としての資質を持った人であれば足りるとして、特別な資格等は要件としておりません」と述べています。

（2）　酒巻匡「アメリカにおける法廷通訳人の現状」ジュリスト1043号（有斐閣、1994年）、39～44頁。米国においてはスペイン語通訳件数が圧倒的に多く、1986年の連邦地方裁判所における調査では4万6501件中4万3166件がスペイン語通訳であった。

（3）　通訳人の確保について、その名簿作成等の実際に関しては、東京地方裁判所の植村立郎氏が具体的運用に関して述べている。前掲・国際人権9号、44～47頁。

（4）　吉田統宏「来日外国人の刑事事件と通訳—検察の立場から」国際人権9号（国際人権法学会、1998年）、42頁、海渡雄一「日本における外国人被拘禁者の現状とその人権」国際人権8号（国際人権法学会、1997年）、38頁、大木和弘・金竜介・児玉晃一・関聡介『外国人刑事弁護マニュアル』（現代人文社、2008年）、68頁（現在、改訂第3版、2014年）。

（5）　東京高判昭和35・12・26下刑集2巻11号1369頁。法務省刑事局外国人関係事犯研究会『外国人犯罪裁判例集』（法曹会、1994年）、1頁以下。ここで取り上げている2つの事例は、この『外国人犯罪裁判例集』に掲載されている裁判例に基づくものです。なお、最高裁判所事務局監修『特殊刑事事件の基礎知識—外国人事件編』（法曹会、1997年）。

（6）　東京高判平成4・4・8判例時報1434号140頁・判例タイムズ791号267頁。前掲『外国人犯罪裁判例集』2頁以下。

（7）　植村・前掲・国際人権9号、44頁。

（8）　大木和弘・金竜介・児玉晃一・関聡介『外国人刑事弁護マニュアル（改訂第2版）』（現代人文社、2008年）68頁。

（9）　三木恵美子「来日外国人の刑事事件と通訳—弁護士の立場から」前掲・国際人権9号、48頁以下。

（10）　最高裁判所『ごぞんじですか法廷通訳』（2018年、裁判所HP、http://www.courts.go.jp/vcms_lf/h30.1ban-gozonji.pdf 最終アクセス2019年9月）。

(11) 渡辺修「外国人の居る刑事裁判」現代刑事法29号(現代法律出版、2001年)、59頁、63頁。
(12) 札幌地判平成11・3・29判例タイムズ1050号284頁。
(13) 判例集未登載。前掲『外国人犯罪裁判例集』9頁以下。
(14) 「通訳は適正になされなければならないことは当然であり、適正な通訳のためには、通訳人に適正な通訳をなす能力があること、及び公平中立であることが要請される。(中略)被疑者の人権を実質的に保障しつつ、適正かつ迅速な捜査を遂行し事案の真相を究明するためには、十分な通訳能力をそなえた通訳人が必要なことは論を待たず、(中略)通訳人の選任に当たっては、通訳人の経歴や通訳経験を十分精査して、通訳能力や、公平中立性に問題が生じることのないように留意する必要がある」(吉田・前掲・国際人権9号、42頁)。
(15) 三木・前掲・国際人権9号、48頁。
(16) 同、49頁。
(17) 裁判所が提供する法廷通訳人セミナーに関しては、植村立郎氏がその内容を紹介しています。また同論文では裁判所における法廷通訳人の養成に関する他の記述も多く紹介されています(植村、前掲・国際人権9号、44頁)。
(18) 大阪高判平成3・11・19判例時報1436号143頁。前掲『外国人犯罪裁判例集』6頁以下。
(19) 三郷市外国人アパート放火事件判決(浦和地判平成2年10月12日判例時報24頁)。本件は現住建造物等放火(現住建造物とは、現に人が住んでいる、生活をしている建物などのこと)の事実について被告人(パキスタン人)が、捜査段階では犯行を認めたものの、公判廷においては一貫して犯行を否認する供述をし、弁護人も被告人は本件火災とは一切関わりなく無罪であると主張して、被告人の犯行との結びつきが深刻に争われた事案です。

外国人の被疑者に対する取調べの際の黙秘権、弁護人選任権の告知が不十分であり、取調べの方法にも不当な点があったとして、自白の任意性が否定された事例です。少し長いですが、本文に関わる判示の一部を引用しておきます。

「被告人は、パキスタン人であって、ウルドゥ語を生活言語としており、日本語や英語は全く理解しないだけでなく、幼少時から体が弱く甲状腺の手術などをしたこともあって、自国での義務教育すら満足に受けておらず、その知的レベルは低く、自国の法律制度にも通じていない。もちろん、被告人は、日本の法律制度(刑事裁判の仕組み)については全く無知であり、犯罪の嫌疑を受けて取調べを受けるにあたり、黙秘権や弁護人選任権等が被疑者に保障されていることを知る由もなく、身柄拘束を受けたのち、被疑者・被告人としてどのような手続に乗せられるのかという点についての知識も皆無で関係各証拠、とりわけ被告人の当公判廷における供述によると、被告人の法律知識等は概ね（中略）指摘したとおりであると認められる。すなわち、被告人は、パキスタン人であって、ウルドゥ語を生活言語としており、日本語や英語は全く理解しないだけでなく、幼少時から体が弱く甲状腺の手術などをしたこともあって、自国での義務教育すら満足に受けておらず、その知的レベルは低く、自国の法律制度にも通じていない。もちろん、被告人は、日本の法律制度（刑事裁判の仕組み）については全く無知であり、犯罪の嫌疑を受けて取調べを受けるにあたり、黙秘権や弁護人選任権等が被疑者に保障されていることを知る由もなく、身柄拘束を受けたのち、被疑者・被告人としてどのような手続に乗せられるのかという点についての知識も皆無であった」。

「被告人は、取調べを受けるにあたって、黙秘権という権利があることは告げられておらず、言いたくないことは言わなくてよいという権利があるとは知らなかった旨供述している。これに対し、被告人の取調べを担当したJ及びQは、通訳人を介して、言いたくないことは言わなくてよいという権利があると告げた旨供述し、また、取調べ済みの各員面、検面の冒頭には、「自己の意思に反して供述をする必要がない旨を告げ」て取り調べた旨の不動文字の記載がある。そして、捜査段階の通訳人の一人である（中略）Uも、黙秘権という言葉は知らないと言いながらも、「自分の意思に反して供述しないのが、黙秘権ですが、そのことを通訳して被告人に告げていますか。」との質問により、初めて「黙秘権」という言葉の意味を理解するや、「いつも通訳する前に被告人に告げています。」と供述しており、これらの点からすると、捜査官が、被告人の取調べを開始するにあたり、形式的には、黙秘権の告知を履践したと認めるべきであろう。しかし、右告知が、被告人に対し黙秘権の意味を理解させ得るようなものであったかどうかは、自ずから別個の問題である。そもそも、捜査段階の通訳人のうち、同種の経験を何回か有するUでさえ、黙秘権という言葉を知らず、その言葉の意味を前記のように説明されて初めて理解し得た状況なのであるから、経験の全くないT〔注：通訳人〕が黙秘権の概念について知識があったとは考えられず、このような法律的素養が全くないか、極めて乏しい通訳人によってなされた黙秘権の告知が、被告人に理解し得るような適切な方法で行われたとは到底考えられない。このように法律的素養に乏しい民間人を通訳人として使用せざるを得ない捜査官としては、まずもって通訳人自身に対し、黙秘権とか弁護人選任権など、憲法及び刑事訴訟法で保障された被疑者の基本的な諸権利の意味を説明し、少なくとも一応の理解を得た上で通訳に当たらせるのでなければ、かかる通訳人に、右各権利の告知を適切に行わせることは到底不可能であると思われる。しかるに、本件捜査にあたった捜査官の言動からは、右のような点に関する問題意識は全く窺うことができない。もっとも、刑事訴訟法１９８条が捜査官に義務づけているのは、被疑者に対し、「あらかじめ自己の意思に反して供述をする必要がない」ことの告知だけであり、右の程度のことであれば、別段法律の素養がなくとも十分通訳可能であり、現に通訳を行っているとの反論もあり得るかも知れない。確かに。我が国の法律制度及び憲法の保障する被疑者の権利について、漠然とではあっても、ある程度の知識（常識）を有する平均的日本人の被疑者の場合であれば、右の程度の告知によっても黙秘権の存在を告知したということに一応はなるであろう（中略）。しかし、本件で問題とされているのは、先にも指摘したとおり、我が国の法律制度はおろか自国の法律制度についてすらほとんど全く知識のない、知的レベルの低い外国人被疑者に対する黙秘権告知の方法なのである。このような被疑者が、前記の程度の形式的な告知を受けただけで、これによって自己に「一切の供述を拒否する権利」があり、供述を拒否しても、そのことだけによって不利益な取扱いを受けることはないという黙秘権の実体を理解し得るとは到底考えられない。本件における捜査官の黙秘権告知の方法は、被疑者に対し黙秘権行使の機会を実質的に保障するという観点からは、著しく不十分なものであったといわなければならない」。

第Ⅱ章 注

(20) 小林裕子「司法通訳人の任務の諸相(2)－要通訳人事件判決の正統性を担保するための通訳人への法学知識教育の必要性」明海大学外国語学部論集25集（２０１３年）、50頁。

(21) 警察庁『平成30年における組織犯罪の情勢』、『平成27年版 犯罪白書』など。小林良樹『犯罪学入門－ガバナンス・社会安全政策のアプローチ』（慶應義塾大学出版会、２０１９年）１０３頁以下参照。

(22) 東京地裁では身柄拘束で送致されるうちの2割が外国人事件になっているという指摘もあります。

(23) 本文で掲げる以下の数値の詳細については、法務省『平成30年版 犯罪白書』を参照。

(24) これは非行少年事案にも関わる筆者が憂慮するところです。

(25) 日本の刑法の根幹に流れるパターナリズムの思想については、後述するフット教授も論文の中で特筆すべき点として挙げています。Daniel H. Foote, “The Benevolent Paternalism of Japanese Criminal Justice”, Lawrence M. Friedman, Rogelio Pérez–Perdomo, and Manuel A. Gómez (ed.), *Law in Many Societies*, Stanford University Press, 2011, pp.84–101.

(26) 「外国人被疑者は、日本語の法制度を知らないだけでなく、捜査官と裁判官との区別すら十分でない場合も少なくないことから、外国人被疑者に対しては、日本の勾留制度についてできる限り丁寧に説明をすることが望ましい」(前掲『特殊刑事事件の基礎知識』、53頁)。

(27) 「事柄の内容や意味を、よくわかるようにときあかすこと」(『広辞苑（第６版）』岩波書店、２００８年)。ここでは、英語の単語を日本語に置き換え、日本語を英語の単語に置き換えることを指しています。

(28) 「よくわかるように物事を分析して説明すること」(前掲『広辞苑』)。ここでは英語の単語をどう表現するのが最適であるかを解釈しながら日本語を選択し、日本語の単語を英語ではどう表現するかの解釈を加えながら、概念を考慮した単語選択をすることを示します。

(29) Claudia V. Angellelli, *Revisiting the Interpreter's Role*, John Benjamins Publishing Company, 2004, p.20.

この通訳の「存在」に関しては従来の通訳規範として鳥飼玖美子氏も「透明な存在、裏方、黒衣」という表現を使用しています。鳥飼玖美子『通訳者の役割—透明な存在か、文化の仲介か』(２０１３年10月19日明海大学公開講座)。この「黒衣」の意義について鳥飼氏は、「黒衣＝見えない存在」として解釈していたが、この公開講座においてパネルの一人であった筆者は、法廷における通訳人の仕事は、正しく歌舞伎における「黒子」であると述べた。筆者による「歌舞伎の黒子」の解釈は、「すべての流れを把握した上で、役者の必要な道具を必要な時に適切な状態でさっと繰り出す存在」、つまり刑事事件の法廷では通訳人は全体の流れを把握しており、必要な場面で翻訳していた起訴状朗読・論告求刑・最終弁論をさっと繰り出し、法廷の流れが一刻も滞ることなく進むための必要不可欠なかなりVisibleな存在であると考えています。この点、法廷通訳人の「存在」に関しては、アンジェレリ氏は"co–participant"という表現を使っている。

(30) Conduit: a person or organization that acts as a channel for the transmission of something, in: ***Oxford Dictionary of English***, 2003, Oxford University Press.

(31) 人がある事実を見聞きし、それを記録したものを思い出して述べた証拠を供述証拠と言いますが、裁判に必要な供述の内容を「供述調書」という形で記録に残します。供述調書は、供述者自身に内容を確認させ、内容に間違いがないときに署名・押印させて完成します。

(32) 亀掛川健一「法整備支援活動における通訳翻訳」津田守編・日本通訳翻訳学会監修『法務通訳翻訳という仕事』(大阪大学出版会、２００８年)、75頁、87頁。

(33) 故意については、刑法の教科書等を参照して欲しいのですが、簡単に言えば犯罪を行う意思のことです。刑法38条は、「罪を犯す意思がない行為は、罰しない」と規定し、この故意がなければ原則として犯罪は成立しないことになります。

(34) 冒頭陳述、書証の要旨の告知、論告、弁論などのように、検察官または弁護人があらかじめ準備し、通訳人に交付してあった書面を法廷においてそのまま朗読する手続きに使用し、起訴状朗読、証人尋問、被告人質問および判決宣告には使用しません。

(35) 自由権規約(B規約)においては被告人の第一言語であることが求められますが、我が国では「被疑者の理解するところの言語」であるのが現状です。特に通訳人を運用するのが難しい言語においては、被疑者が日常レベルの英語を理解するときには英語が使用されることも珍しくありません。日常レベルの英語の理解力であっても裁判例ではその有効性が認められています。

(36) 川島武宜『日本人の法意識』(岩波書店、２００５年)、34頁。

(37) 日本語を相応しい英語に翻訳することの困難さについては、明海大学の山岸勝榮教授も多くの機会を通じて述べています。前掲明海大学公開講座の際にも「菜の花」を英語に翻訳した場合の例を挙げていた。

(38) 我が国の公判手続きでは、「口頭主義」が採られています。公判期日における手続きを口頭で行うという原則で、文字どおり口で言ったことに基づいて裁判が行われるという意味です。

(39) 早川幸延「捜査と公判における司法通訳」前掲『法務通訳翻訳という仕事』、19頁、33頁。

(40) 捜査実務研究会編『新版 外国人犯罪捜査』(立花

書房、２００３年）４頁以下。

第Ⅲ章　注

(41) 外国人に限った国選弁護受理件数ではなく全ての件数です。数値に関しては、『犯罪白書』各年版、『弁護士白書』各年版を参照。現時点では統計数は出ていませんが、２０１８年6月から全事件に拡大されるので、さらに国選弁護受理件数が増えることは容易に予想されます。２０１３年の法務省の「勾留全事件が国選化した場合の被疑者国選弁護対象事件の試算について（説明メモ）」によれば、約１４１％増という数値も予想されています。

(42) 通訳人が極々限られた法律知識しか持たずに通訳することの、適正司法の実現に対する懸念に対しては、法的知識がない裁判員にも似ていると考えられます。裁判員裁判における法律概念に関する諸問題について、「裁判員裁判対象としては現住建物等放火罪（刑法１０８条）が代表的であり、いわゆる「危険犯」に属するが、危険犯は概念が理解困難であり、そのことが犯罪の実質の理解及び成立要件の捉え方に影響を及ぼしていると思われる。（中略）裁判員にしてみれば、この種危険犯の何を重視するのか、少なからず悩まされるのではないか」（細井正弘・難波宏・伊藤寛樹「裁判員裁判における法律概念に関する諸問題　放火罪」判例タイムズ１４２４号、判例タイムズ社、２０１６年、28頁）と指摘されているのと同様、接見通訳人にとっても重要な争点の通訳には、焦点となる法律の概念についてある程度の知識を持っていることが望ましいのは言うを俟たないでしょう。

(43) なお、河村博同志社大学教授（元名古屋高等検察庁検事長）は、「被告人となることの重み、すなわち公訴提起がなされることで被告人自身、その家族、関係者の被ることとなる精神的負担等を考えると、程度の問題はあるにしても、公訴提起が本来慎重になされることは人権保障の観点から優れているように思われる」と述べている（「刑事司法制度改革と「法の支配」―検察官の立場から」法の支配１８０号、日本法律家協会、２０１６年、96頁、98頁）。

(44) Roy Walmsley, *World Prison Population List*, 12th edition, Institute for Criminal Policy Research, University of London, November 2018, https://www.prisonstudies.org/sites/default/files/resources/downloads/wppl_12.pdf（最終アクセス２０１９年９月）.

(45) Ibid.

(46) Ibid.

(47) なお、外国人の受刑者数は、直近3年間では、２０１５年 は４７８人、２０１６年 は３６２人、２０１７年は４１１人です（『平成30年版 犯罪白書』資料４―10「F指標入所受刑者人員」参照）。

(48) 例えば、Hideo Den, "America's Silent Majority demands change", *The Japan Times*（２０１６年11月12日）. ポリティカルコレクトネスの浸透で、日頃から自らの本心を表明することができなくなっていた多くの有権者が、現状維持への反対表明の一つの手段としてトランプ支持に回ったとの分析を加えています。

(49) 東京大学総合文化研究所講師、Silvia Croydon, *The Politics of Police Detention in Japan*, Oxford University Press, 2015, pp.14–15.

(50) この身柄拘束期間について、アメリカでは、逮捕から大陪審による起訴まで30日以内、一定の場合に更に30日延長可能と説明されているものもあります（法務省「諸外国の刑事司法制度（概要）」（http://www.moj.go.jp/content/000076304.pdf）。これをもって日本の方が短いという意見も見られますが、実際の刑事手続きの流れは国によって異なりますので、安易に比較することは困難です。アメリカでは、逮捕後24時間以内に（州によって異なるようですが）、「不必要な遅滞なく（Without unnecessary delay）」、捜査を終了して裁判所にその身柄を引き渡さなければなりません（イニシャル・アピアランス initial appearance）。「不必要な遅滞なく」とは、判例によれば、土・日・休日を含め48時間以内とされています（COUNTY OF RIVERSIDE v. MCLAUGHLIN, 500 U.S. 44［1991］.）。そしてこの短時間でしか、警察の取調べは行うことはできません。また身柄を受け取った裁判所においては85%がただちに保釈されているようです。こうした点から考えても、日本とアメリカの刑事手続きにはかなりの違いがあるのです。茅沼英幸「アメリカの刑事手続概説」日本弁護士連合会刑事弁護センター編『アメリカの刑事弁護制度』（現代人文社、１９９８年）、13頁以下、島伸一「報告書 日本の刑事手続とアメリカ合衆国の重罪事件に関する刑事手続（軍事裁判を含む）の比較・対照及び日米地位協定17条5項(c)のいわゆる「公訴提起前の被疑者の身柄引渡し」をめぐる問題について」（２０１４年度渉外知事会調査研究委託業務）（http://www.pref.kanagawa.jp/docs/bz3/cnt/f417249/documents/809312.pdf 最終アクセス２０１９年９月）、11頁以下参照。

(51) 『平成30年版 犯罪白書』によると、２０１７（平成29）年における来日外国人被疑事件の検察庁新規受理人員（1万4515人）の国籍等別構成比はアジア（中国、ベトナム、韓国・朝鮮、フィリピン、その他）が83・5%、北アメリカは2・5%です。この構成比から推論できることは英語使用の被疑者を担当する確率は国選弁護人にとってさほど多くはないということです。ちなみに英語が第一使用言語あるいは選択可能な言語として指定されている国の数は61か国です。

(52) ダニエル・フット（Daniel H. Foote）教授は、東京大学法学部で初めて教授となった外国人研究者。我が国の刑事訴訟法、刑事手続法を社会学的視点から深い洞察を加えており、多数の論文、著書があります。

(53) ダニエル・H・フット「日米比較刑事司法の講義を振り返って」ジュリスト1148号（有斐閣、1999年）、165頁以下。

(54) 同、172頁。

(55) Michael Cavadino and James Dignan, "Chapter 8 – Penal comparisons: puzzling relations", Adam Crawford (ed.), *International and Comparative Criminal Justice and Urban Governance: Convergence and Divergence in Global, National and Local Settings*, Cambridge University Press, 2011, pp.193–213.

(56) Ibid., p.194. Walmsley, op. cit.

(57) アメリカ、マウラー・ロースクール教授。Joseph L. Hoffmann, *Globalization and Japanese Criminal Law*, Asian Law Series, University of Washington Press, 2006.

(58) ディビット・T・ジョンソン教授は、2002年の日本の成人に対する調査では、最も不安に感じることは「犯罪と交通事故」であり、「10年後に日本の治安は悪化するであろう」と回答しており、さらに86%が、裁判所の下す判決はもっと厳しくても良いと回答していることを紹介している（David T. Johnson, *Criminal Justice in Japan*, University of Washington Press, 2006, p.352.）。この調査からも、米国と同様、我が国においても市民が不安を感じるときには刑事司法により厳しい措置を求める傾向が高まることを示しているといえるでしょう。

(59) 刑事訴訟法の第1条は「この法律は、刑事事件につき、公共の福祉の維持と個人の基本的人権の保障とを全うしつつ、事案の真相を明らかにし、刑罰法令を適正且つ迅速に適用実現することを目的とする」と規定しています。「公共の福祉」とは、社会・公共の関心・利益ということですから、ここでは「処罰の確保」を意味するとされています。田宮裕『注釈刑事訴訟法』（有斐閣、1980年）参照。

第Ⅳ章　注

(60)　三木・前掲・国際人権9号。
(61)　警察官、検察官、弁護士、弁護人、裁判官など。
(62)　ベルンハルト・グロスフェルト（山内惟介・浅利朋香訳）『比較法文化論』（中央大学出版部、２００４年）、8頁。グロスフェルト博士は「われわれが翻訳しようとしているのは法の文言に示されている内容よりももっと多くの事柄であり、法の内容を受け取る者の視野からみて、法がどのような効果を及ぼしているのかを認識することだからである」と述べています（１３５頁）。
(63)　ＮＨＫスペシャル「外国人裁判・89　あるパキスタン人労働者の犯罪」（１９８９年12月5日、アーカイブス ID0019891205I0104）。
(64)　「法曹の質」研究会編『日本人の弁護士イメージ』（商事法務、２０１１年）。
(65)　猪口孝編著『アジア・バロメーター南アジアと中央アジアの価値観―アジア世論調査（２００５）の分析と資料』（明石書店、２００９年）。
　加えて、公的機関に対する信頼度／不信度に関しては、「警察を非常に信頼している」が16であったのに対し、「マスメディアを非常に信頼している」が１８７でした。さらに「警察をあまり信頼していない」が２６４であったのに対し「マスメディアをあまり信頼していない」は61という評価です。ネパール人の日本人弁護士に対するイメージが肯定的であったのも、ネパール人の警察に対する不信感のイメージの強さと、ネパール人がマスメディアを信頼する傾向が強いことから導かれる結果であると推測されます。
(66)　碧海純一『法と社会―新しい法学入門』（中公新書）（中央公論新社、１９６７年）、18頁。
(67)　五十嵐清『比較法ハンドブック〔第２版〕』（勁草書房、２０１５年）、２４９頁以下参照。現在第３版（２０１９年）。もちろん民法をはじめとした民事法と、刑法、刑事訴訟法等の刑事法では、各国でベースとなっているものが異なっていることはあります。
(68)　植村・前掲・国際人権9号参照。
(69)　酒巻・前掲・ジュリスト１０４３号。カリフォルニア州の法廷通訳人資格試験の合格率は9％、連邦裁判所の裁判所通訳人資格試験の合格率は４％程度の難関試験です。

第V章 注

(70) なお、在留外国人総数（中長期在留者と特別永住者の合計数）は、２００８年には２１４万４６８２人でしたが、その後４年連続で減少を続けた後、２０１３年から増加に転じ、２０１７年は２５６万１８４８人（前年末比７・５％増）となり、過去最高となっています（『平成30年版 犯罪白書』）。

(71) 刑事手続きにおいて、証拠を収集して犯人を訴追する者と、訴追に応じて審理判決をする者とを明確に区別し、①原告・②被告・③裁判所の３面構造とする主義を「弾劾主義」と呼びますが、これと対立させる用語が「糾問主義」です。刑事訴訟法では、戦前の刑訴法を糾問主義的、戦後の刑事訴訟法を弾劾主義的のように二項対立的に説明がされているものが多く見られます。

(72) Foote, op.cit. (“The Benevolent Paternalism of Japanese Criminal Justice”).

(73) B. J. George Jr.（佐伯仁志訳）「外国人から見た日本の刑事訴訟法」ジュリスト１１４８号（有斐閣、１９９９年）、１７４頁。

(74) 同、１７７頁。

(75) マイケル・サンデル『これからの「正義」の話をしよう』（早川書房、２０１０年）。

(76) 「デュープロセス（due process of law）」。法の適正な過程という意味ですが、法の適正手続きという訳が当てられることが多い用語。田中秀夫編『英米法辞典』（東京大学出版会、１９９１年）に詳細です。

(77) 四宮啓「刑事訴訟実務の課題」ジュリスト１１４８号（有斐閣、１９９９年）、２８２頁。

(78) 同。

(79) 四宮・前掲・ジュリスト１１４８号、２８３頁。

(80) “The Japanese police display a pride in themselves that is quite remarkable. They are supremely self–confident, not doubting the worth of the police role in society or the public’s support of it”, in: David H. Bayley, *Forces of Order: Police Behavior in Japan and the United States*, University of California Press, 1976, Chapter 1.

(81) Ibid.

(82) “As with the pressures on judges to induce the parties in civil cases to compromise their claims, so in criminal cases, police procurators, and judges seek alternatives to manage their caseloads”, John O. Haley, *From Authority Without Power: Law and the Japanese Paradox*, Oxford

University Press, 1991, Chapter 6.

(83) このジョンソン教授のデータは大変示唆に富んでおり、現行刑事訴訟法が大陸法の運用の上に英米法の諸概念を取り込みながら定着してきたものであることを如実に表わしています。特に第二次世界大戦後、広く定着してきたはずの「英米法の運用」の中にあって、現実の刑事手続法の運用には旧来の大陸法的な思考方法や「日本独特の解釈方法」や「日本独特の意義の設定」が見られるというのはとても興味深いことです。David T. Johnson, *The Japanese Way of Justice: Prosecuting Crime in Japan*, Oxford University Press, 2001.

(84) ジョーゼフ・ホフマン（長沼範良訳）「「真実」と日本の刑事訴訟法」ジュリスト１１４８号（有斐閣、１９９９年）、１７８～１８４頁。

(85) 同。

第Ⅵ章　注

(86) 刑事訴訟法１７５条は「国語に通じない者に陳述をさせる場合には、通訳人に通訳をさせなければならない」と規定し、１７８条は「前章〔注：第12章鑑定。１７５条～１７８条が第13章 通訳及び翻訳〕の規定は、通訳及び翻訳についてこれを準用する」と規定しています。

(87) Carl F. Goodman *The Rule of Law in Japan: Comparative Analysis*, Kluwer Law International, 2012, p.447.

(88) なお、この点に関しては、前掲『特殊刑事事件の基礎知識』で、「強盗」の概念が各国によって異なることが一例として挙げられています。

(89) 法廷通訳人は、検察側からの冒頭陳書および証拠等関係カードなどの書面を翻訳する。また弁護人側からの弁論要旨ないし弁論メモを通訳人はあらかじめ翻訳して当日に備えるがこれらの書類は専門用語を含み高度で緻密な翻訳技能が要求される内容です。

(90) 法テラスについては、先に本文でも紹介したとおりですが、２００６年の総合法律支援法の制定に伴い、法務省所管の法人として運営されている司法支援センターでは国選弁護人の運用を担っており、司法通訳人の手配も実施しています。報酬規程についてもＨＰから参照できるようになっています。

(91) 前掲『特殊刑事事件の基礎知識』73頁では、通訳人との連絡方法から、漢字の理解に不安が残る外国人通訳人への便宜を図るために、漢字にルビをふる必要性を指摘するなど細やかな指示が記載されています。また「通訳人席には、メモ用紙や筆記用具のほか、飲料水や検察官弁護人等の名前を記載した法廷略図を置いておく場合も多い。このように、通訳人の仕事に敬意を払い、気持ち良く仕事ができるように丁寧に接することが、通訳人の裁判に対する理解を得て、法廷通訳の仕事に熱意をもってあたってもらえることにもなると思われる」との記述もあります。しかしながら、「丁寧」に通訳人を扱うことと、通訳人が「正確で専門的な」通訳ができることとは全く異次元の現象であると筆者は考えます。

(92) ここでいう、刑事裁判実務者とは、日本においては通訳人は含まれません。この点に関しては、先に触れたアメリカ合衆国の連邦法廷通訳人法における「通訳人」に関する記述との違いが興味深い。

(93) 例えば第I章で裁判事例として挙げた、東京高判昭和35年12月26日、東京高判平成4年4月8日、札幌地判平成11年3月29日、秋田地判平成3年5月1日など。

(94) Administrative Office of the United States Courts, Court Service Office, ***Federal Court Interpreter Orientation Manual and Glossary***, Last Revised May 8, 2014.

(95) Ibid., p.22. "A common error is the belief that any person who knows two languages can interpret."

(96) 最高裁判所事務総局刑事局監修『法廷通訳ハンドブック実践編【英語】(改訂版)』(法曹会、2011年)、5頁、18頁。

(97) 『法廷通訳ハンドブック実践編』は現在、モンゴル語、ロシア語、ベトナム語、英語、ペルシャ語、タイ語、ヒンドゥー語をはじめとして23か国語で発刊されています。

(98) 日本弁護士連合会『法廷通訳についての立法提案に関する意見書』(2013年7月18日)、2頁。

(99) ***Federal Court Interpreter Orientation Manual and Glossary***, op.cit., Preface, p.7. 引用元の判決は、UNITED STATES EX REL. NEGRON v. STATE OF NEW YORK, 434 F.2d 386 (1970).

(100) ***Federal Court Interpreter Orientation Manual and Glossary***, op.cit., Chapter 3, I. Interpreter Skills, p.22. 原文は、以下の10項目です。

・Comprehensive knowledge of the source and target language.

・Ability to listen, comprehend, and discern the message conveyed in the source language.

・Ability to grasp and maintain communication logic and distinguish between primary and secondary points.

・Technical ability for short-term memory, simultaneous listening and note-taking.

・Well–developed vocabulary, specialized terminology, and general knowledge of many subject areas.

・Message production, good diction, and pronunciation.

・Knowledge and experience of varying dialects, colloquialisms, regionalisms and cultural differences.

・Ability to conserve language register (formal to formal and informal to informal) for a variety of speakers with divergent educational backgrounds.

・Knowledge of idiomatic expressions in both languages.

・A well–developed sense of professionalism and respect for ethical considerations.

(101) *The Japan Times*（２０１６年４月14日）の“Japan ranks low on child poverty”の中で特に子供の貧困・格差問題についての調査について紹介しており、日本はＯＥＣＤ加盟41か国中34位に位置していることに警告を与えています。ちなみに41位はルーマニアです。

(102) Hoffmann, op.cit.（*Globalization and Japanese Criminal Law*).

(103) この点、デビッド・ジョンソン教授が、『日本における刑事司法』(Johnson, op.cit.（Criminal Justice in Japan)）において、米国と英国で見られた高齢化と社会の格差が顕著になった時期における刑事訴訟法の共通の変化について指摘しています。

①リハビリテーション機能の減退、②厳罰化と司法の顕在化、③刑事政策への情緒的感情移入、④「公」の最優先、⑤刑事手続きにおける被害者最優先主義、⑥犯罪問題への政治的関心及び一般市民の関心の高まり、⑦刑務所の厳重警備施設傾向の高まり（矯正施設的性格の喪失）、⑧刑事法手続きと一般市民生活との接近、⑨犯罪予防のための社会基盤整備への積極投資、⑩犯罪コントロールの商業化、⑪警察・検察・裁判所における意識改革、⑫「法と秩序」に対する絶え間ない危機感、の12点ですが（筆者訳。Ibid., pp.356–357.)、我が国においても共通の変化が見られることが実感できます（なお、⑩犯罪コントロールの商業化については、本書では、経済効率追求の視点から、特定の顧客を対象とする、商売としてのクライムコントロールと危機管理が日本においても急速に進んでいるという指摘がなされ、セコム等とのセキュリティ契約の増加、防犯グッズの売上げ増加などが例に挙げられています)。

本書は２００６年に刊行されたものですが、我が国においては、社会の要請に応えるために法テラスが始動した時期でもあります。そしてこの10年後の２０１６年5月には、時代に即した新たな刑事司法制度の構築を目指して、取調べの録音・録画制度、訴追に関する合意制度、刑事免責制度、被疑者国選弁護制度の対象事件の拡大をはじめとした弁護人による援助の充実化などを内容とする刑事訴訟法の改正が行われています。本改正では他の国の制度を参照し類似の制度を導入してはいますが、諸外国と似た名称・制度であっても、実際の手続きや意味するところが大きく異なるという「通訳泣かせ」の場面が、今後の改正に伴いこれからさらに増えていくことも予想されます。

主要参考文献

参考文献は多岐にわたりますが、本文および注で掲げた文献を除く主要な参考文献は下記のとおり。

Caianiello, Michele/ Hodgson, Jacqueline S. (ed.), *Discretionary Criminal Justice in a Comparative Context*, Carolina Academic Press, 2015.

Clamp, Kerry, *Restorative Justice in Transitional Settings*, Routledge, 2016.

Crawford, Adam (ed.), *International and Comparative Criminal Justice and Urban Governance*, Cambridge University Press, 2011.

Dressler, Joshua/ Michaels, Alan C., *Understanding Criminal Procedure, Volume 1: Investigation*, 7th ed., Carolina Academic Press, 2017.

Garner, Bryan A. (ed.), *Black's Law Dictionary*, 11th Edition, Thomson Reuters, 2019.

Hanser, Robert D./ Gomila, Michael D., *Multiculturalism and the Criminal Justice System*, Pearson, 2015.

Hobbs, Sue/ Hamerton, *Christopher, The Making of Criminal Justice Policy*, Routledge, 2014.

Jacoby, Joan E./ Ratledge, Edward C., *The Power of the Prosecutor, Praeger: Gatekeepers of the Criminal Justice System*, Praeger Pub Text, 2016.

Milhaupt, Curtis J./ Ramseyer, J. Mark / West, Mark D., *The Japanese Legal System: Cases, Codes, and Commentary*, Foundation Press, 2012.

Ross, Jacqueline E./ Thaman, Stephen C. (ed.), *Comparative Criminal Procedure*, Edward Elger Publishing, 2016.

Warren, Ian/ Palmer, Darren, *Global Criminology*, Thomson Reuters Professional, 2009.

Wolff, Leon/ Nottage, Luke / Anderson, Kent (ed.), *Who Rules Japan?: Popular Participation in the Japanese Legal Process*, Edward Elgar Publishing, 2015.

Worrall, John, *Crime Control in America, Pearson: What Works?* 3rd Edition, Pearson, 2015.

Worrall, John, *Criminal Procedure*, Pearson, 2013.

井田良『基礎から学ぶ刑事法〔第６版〕』（有斐閣アルマ）（有斐閣、２０１７年）

伊藤正己『裁判官と学者の間』（有斐閣、１９９３年）

宇井稔＝萬羽ゆり『―Ｑ＆Ａでわかる―外国人犯罪捜査

（捜査実務編）』（実務法規、2016年）
岡慎一＝神山啓史『刑事弁護の基礎知識〔第2版〕』（有斐閣、2018年）
ギスリー・グッドジョンソン（庭山英雄＝渡部保夫＝浜田寿美男＝村岡敬一＝高野隆訳）『取調べ・自白・証言の心理学』（酒井書店、1994年）
ケント・アンダーソン＝ハラルド・バウム＝奥田安弘編『日本の刑事裁判用語解説―英語・ドイツ語・フランス語・スペイン語』（明石書店、2014年）
交通実務研究会『新外国人交通事件捜査』（立花書房、2009年）
小黒和明＝高瀬一嘉＝佐藤光代＝佐藤美由紀『供述調書作成の実務　刑法犯』（近代警察社、2011年）
小松達也『通訳の技術』（研究社、2005年）
小松達也『訳せそうで訳せない日本語―きちんと伝わる英語表現』（ソフトバンク新書）（ソフトバンククリエイティブ、2008年）
最高裁判所事務総局刑事局監修『法廷通訳ハンドブック【英語】（補訂版）』（法曹会、1995年）
酒巻匡『刑事訴訟法』（有斐閣、2015年）
ジョシュア・ドレスラー＝アラン・C・ミカエル（指宿信監訳）『アメリカ捜査法』（レクシスネクシス・ジャパン、2014年）
鈴木正彦『リベラリズムと市民的不服従』（慶應義塾大学出版会、2008年）
捜査実務研究会『外国人犯罪捜査ハンドブック〔改訂版〕』（立花書房、2008年）
田口守一＝田中利彦＝川上拓一編『確認　刑事訴訟法用語250』（成文堂、2009年）
田島裕『外国法概論』（信山社、2013年）
田中英夫編集代表『英米法辞典』（東京大学出版会、1991年）
津田隆好『警察官のための刑事訴訟法講義〔第4版〕』（東京法令出版、2019年）
特定非営利活動法人司法アクセス推進協会編『法テラスの10年―司法アクセスの歴史と展望』（LABO、2016年）
日本弁護士連合会裁判員制度実施本部法廷用語の日常語化に関するプロジェクトチーム編『裁判員時代の法廷用語―法廷用語の日常語化に関するPT最終報告書』（三省堂、2008年）
日本法社会学会編『法と正義の相克』（法社会学第78号）（有斐閣、2013年）
原田國男『裁判の非情と人情』（岩波新書）（岩波書店、2017年）
広渡清吾編『法曹の比較法社会学』（東京大学出版会、2003年）
藤田裕監修『裁判員制度と刑事訴訟の仕組み』（三修社、2008年）
藤永幸治『国際・外国人犯罪〔シリーズ捜査実務全書15〕』

（東京法令出版、２００７年）
藤本哲也『犯罪学・刑事政策の新しい動向』（中央大学出版部、２０１３年）
古田裕清『翻訳語としての日本の法律用語―原語の背景と欧州的人間観の探求』（中央大学出版部、２００４年）
古田裕清『源流からたどる翻訳法令用語の来歴』（中央大学出版部、２０１５年）
マイケル・サンデル／ＮＨＫ「ハーバード白熱教室」制作チーム（小林正弥＝杉田晶子訳）『ハーバード白熱教室講義録〔上・下〕』（早川書房、２０１０年）
前田雅英『法の奥底にあるもの―ゆく川の流れは絶えずして万事塞翁馬』（羽鳥書店、２０１５年）
前田雅英監修『裁判員のためのよくわかる法律用語解説』（立花書房、２００６年）
前田雅英編／青木英憲＝藤井俊郎＝丸山哲巳＝峰ひろみ『刑事訴訟実務の基礎〔第３版〕』（弘文堂、２０１７年）
三井誠＝渡邉一弘＝岡慎一＝植村立郎編『刑事手続の新展開〔上・下〕』（成文堂、２０１７年）
松村良之＝村山眞維編『現代日本の紛争処理と民事司法１　法意識と紛争行動』（東京大学出版会、２０１０年）
宮沢節生＝山下潔編／F・ニューマン＝L・H・リーほか（堀田牧太郎ほか訳）『国際人権・英米刑事手続法』（晃洋書房、１９９１年）
安冨潔『刑事訴訟法講義〔第４版〕』（慶應義塾大学出版会、２０１７年）
読売新聞社会部『ドキュメント検察官―揺れ動く「正義」』（中公新書）（中央公論新社、２００６年）
読売新聞社会部『ドキュメント裁判官―人が人をどう裁くのか』（中公新書）（中央公論新社、２００２年）
読売新聞社会部『ドキュメント弁護士―法と現実のはざまで』（中公新書）（中央公論新社、２０００年）
日本弁護士連合会裁判員本部編『公判前整理手続を活かす〔第２版〕』（現代人文社、２０１１年）
渡辺咲子『横断的刑事法レッスン』（立花書房、２０１２年）
渡辺咲子『刑事訴訟法講義〔第７版〕』（不磨書房、２０１４年）
渡辺洋三『法とは何か〔新版〕』（岩波新書）（岩波書店、１９９８年）

本研究は、JSPS科研費26590015の助成（社会科学・法学・新領域・挑戦的萌芽研究『司法通訳人の適切運用教育に資するための基本的法概念の比較法文化的考察』）、NHK番組アーカイブス学術利用トライアル2017年度第3回公募の採択（『日本人の正義・外国人の正義』）を受けたものです。

あとがき

最初に通訳にボンヤリ興味を持ったのは慶應義塾大学3年生の時だったと思います。学内初の試みとして学部横断で通訳養成講座が開講されることとなり、「飛び込む」のが好きな私は（思い返してみると無計画に幾度となく様々なことに飛び込んできました）選抜試験を受験しました。合格を果たしたわけですが、サイマルインターナショナルから派遣されてきていた花形通訳者が教室のはるかかなたで講義をしていた映像がボンヤリ残っているだけです。大学では放送研究会に所属していました。なんとはなしにNHKの当時の教育テレビの英語番組に出演したり、卒業直前にはさっぽろ雪まつりの生中継レポーターをしたりと、冒険好きでした。そののちは本文でも書きましたが、米国総領事館などで頼まれた時に通訳をしていました。米国のフレッチャー大学院大学のサマースクールの通訳を数年間つとめ、その時に、今は亡きカナダのピエール・トルドー首相の通訳もしました。

その後、なんとなく入学した大学院法学研究科の修了が近づいたある日、強烈に私の目に飛び込んできたのはBBCが制作した「14 Days in May」というドキュメンタリー番組でした。このアメリカ人の無辜の若者に死刑が執行されるまでの2週間を丹念にそして冷静に追ったドキュメンタリー番組を放映してくれたNHKを心の底からたたえたいと今でも思っています。この番組の中のセリフで忘れられないものがあります。収監されている仲間が、死刑執行のために独房を出ていくEdward Earl Johnsonの背中を感じて、“We can never be the same after this.”と呟いた言葉です。そしてBBCのクルーが死刑執行5分前に撮影カメラを止める直前、Edward Earl Johnsonと鉄格子越しに肩を抱き合って言った“We will never forget you.”という言葉です。この番組が静かに終わった時、私は同じ気持ちでした。“I can never be the same after this.”（今までの私ではいられない）、そして“I will never forget you.”（あなたを決して忘れない）と、心に誓いました。私は時々学生に「先生はどうして大学の先生になったんですかあ」と、聞かれますがその時には必ず、「Edward Earl Johnsonが本当に無実だったのに死刑になってしまったことをみんなに伝えるため」と、真面目に答えます。司法制度がかつて抱えていた大きな問題点、そして今でも抱えている様々な問題について私なりの視点から学生達に問題提起をしたいと思っているのです。かつて私が大学1年生の時に「法律は最低限の道徳である」と聞いて覚醒したように、一人でも多くの学生に社会に厳然と存在する矛盾と不正義に憤慨し続ける気持ちを持ち続けてほしいと思うのです。今のところ歴代小林ゼミ生の合言葉は「社会に文句がある人は小林ゼミへ」と、なっているようですからなんとなく学生には伝わっているのでしょうか。

さて、この「14 Days in May」に出会った後の私は、今までの私ではいられなくなりました。当時暮らしていた札幌市で募集していた第一回オンブズマンメンバーとなり、チョッピリ行政に物申してみたりしました。その後、東京の大学で週20コマの掛け持ち非常勤講師となった時は尾崎行雄咢堂塾の第10期生として、政治への高い志を学ぶ活動に参加しました。当時は少々政治にも興味があったのかと思います。

忙しさに紛れる毎日を送っていた時、ふと思い立って札幌地方検察庁での通訳の経験を携えて、東京地方検察庁に「飛び込み」ました。親切な事務官が申し訳なさそうに「大疑獄事件でも起きない限りは現在の通訳・翻訳人で充分足りています」と説明して下さいました。一度思いついたことは絶対あきらめない私ですので、法廷通訳人を求めていた東京地方裁判所に「飛び込んだ」わけです。様々な書類選考と選考過程を経て、最終試験は裁判官が面接と日英口頭試験を実施して下さいました。さて、合格か不合格かの判断が下るわけですが、裁判官が「合格です」と、おっしゃって下さった時の、隣にいた事務官の「え？」というような表情の意味を未だに私は追い求めています。ここまで書き連ねてきて、私は本当に幸運であったと断言できます。我儘を貫き通してこられたのはまさに幸運であったの一言です。

驚きの幸運は法廷通訳人合格の同時期に起きていました。現在の私の職場が「通訳コース」の教員を募集していました。ありとあらゆる通訳経験を書類にまとめ、最終面接にたどり着いた私は、新浦安にある明海大学の外国語学部長室のドアをノックしました。そこには教授陣7名がずらりと並んでいました。そしてそこで私をひと際ジロリと見つめている主任面接官は、数十年前に慶應義塾のあの通訳養成講座で花形通訳人講師だった小松達也先生でした。泣く子も黙る小松達也教授と同じ職場で働く幸運を手にしたいと心の底から願いました。心がざわつく数週間の後に合格を知った時は本当に嬉しかったことを覚えています。爾来、刑事司法と通訳の接合分野という特殊な研究を、宮田研究奨励金で応援し続けて下さる宮田侑相談役、そして宮田淳理事長には心より感謝しています。中学生の私を信じられないくらいの寛容さで迎え入れてくれたアメリカ社会は今ではすっかり変容していますが、当時、東洋の遠い国から来た私を等しく扱ってくれた人たちの様に、私も司法通訳人・法廷通訳人として来日外国人に日本人と同じ刑事司法制度の運用がなされるように最善を尽くしています。

司法通訳人を始めてからの私は、３つの掟を自分に課しています。

① 耳の感度を鋭敏に保つためにイヤフォンやヘッドフォンは使用しない。
② いつでも接見に同行できるように毎日黒い服を着用。
③ 常に『法廷通訳ハンドブック』、リーガルパッド、お気に入りの４色ボールペンを携帯。

まあ、おまじないのようなものですね。

未だに司法通訳人の存在は一般にはあまり知られていないと思います。刑事司法制度は研究の対象にはなっても、実感する対象ではありませんから。日産のゴーン元会長が東京拘置所に収監されていた時は、報道陣が押し寄せており「ゴーンさんの通訳さんですか?」と声を掛けられることがありましたが、今までもそしてこれからも粛々と続いていく外国人刑事事件の弁護人と司法通訳人との、時を分かたぬ活動について気づいているのは、まだごく僅かの察しが付く専門家に限られていると思います。

司法通訳人の仕事をするようになって多くの学会に所属するようになり、日本のトップレベルの刑法学者や刑事訴訟法の専門家のお話を聴く機会を得ることができるようになりました。そして元来、読書好きの私は勧められるままに日本を代表する研究者の名著を読むようになりました。少しずつこの分野の知識を深めていけたらと思います。先日、若手の国選弁護人の接見に同行する機会がありました。東京大学を卒業後、首都大学東京の法科大学院で学んだ弁護士さんでした。ちょうどそのとき、私は元東京都立大学教授の前田雅英先生の最終講義がまとめられた『法の奥底にあるもの—The Deep Structure of the Law』(この日本語から英語への変換は神業だと思います)を読んでいました。その弁護士さんは前田教授の最終講義をその場で聴いていたとのことでした。なぜかとても嬉しい瞬間でした。

このように司法通訳人をしていると思いがけない嬉しい出会いもあります。数年前に、日本刑法学会で、私が「飛び込んだ」慶應義塾大学出版会の専門書紹介ブースでの出会いもまさしく嬉しい出会いでした。出版会の方に無理やり私の名刺を押し付けて帰宅しましたがそれから数週間たって、岡田智武氏からご連絡を頂きました。専門家集団の中では私の頼りない数本の論文ではとても一冊の本にまとめ上げることはできないと思われたに違いありません。慶應義塾大学出版会の出版会議で岡田氏が周りから向けられたであろう「え？」の反応は容易に想像できます。けれども、おだて上手な岡田氏に励まされ、こうしてここまで書き進めることができました。岡田氏のお力添えに心から感謝申し上げます。そして、この本を書いている間に多くの刑事司法分野の先達の著書を手にしましたが、その奥底に流れるものは厳格な法解釈の中にも溢れ出る、すべての人へひとしくやわらかく降り注ぐ正義の実現への情熱でした。

本書にまとめ上げた研究はＪＳＰＳ科研費２６５９００１５（法学・新領域・挑戦的萌芽研究「司法通訳人の適切運用教育に資するための基本的法概念の比較法文化的考察」）および２０１７年度「ＮＨＫ番組アーカイブス学術トライアル」の助成、そして勤務校から毎年支給頂いた「宮田研究奨励金」により継続することができました。また、都内各警察署や東京拘置所への接見同行の際、多くの若き国選弁護人の清閑なプロフェッショナリズムに触れ、我が国の法曹界の新しい流れがそこにあることに強く励まされます。東京地方裁判所刑事訟廷庶務係の皆さんの丁寧な対応も法廷通訳人としてのモーティベーション維持に繋がっています。心より感謝申し上げます。

元東京地検特捜部副部長の若狭勝弁護士は、「柔能制㆑剛、弱能制㆑強」を体現する法曹です。私は、若狭弁護士のやわらかな一言を得て絶望から瞬時に態勢を整えたこともありました。磨き抜かれたコトバを手繰り出し、正義の実現を時にはユーモアを交えて語る若狭弁護士を心から尊敬しています。今回、本書の刊行にあたり推薦文を寄せて下さったことはこれからの研究への励ましであると勝手に前向きに解釈しています。心から感謝申し上げます。

特に今年になってからは週に何度も法テラスから国選弁護人の同行通訳の要請が入るようになりました。外国人高齢者による違法薬物の密輸の摘発が驚くほど増加しています。司法通訳は社会問題の最前線に立つ仕事でもあります。勇気と冒険心に富み、法律に大いに興味を持つ学生さんが一人でも多く司法通訳人の世界に「飛び込んで」くださることを願っています。

冷戦後の軍縮の象徴である
米ロの「中距離核戦力廃棄条約」が失効した2019年8月2日に

小林裕子

著者紹介

小林 裕子（こばやし やすこ）

北海道札幌市生まれ。明海大学外国語学部教授。

最高裁判所法廷通訳人候補者名簿登載、法テラス司法通訳人、埼玉県弁護士会通訳人。青山学院大学非常勤講師。

慶應義塾大学法学部政治学科卒業。法学修士（北海学園大学大学院法学研究科法律学専攻）。札幌地方検察庁通訳、在札幌米国総領事館通訳を経て2008年より明海大学在職。

尾崎行雄記念財団咢堂塾第10期生。

英検1級。国連英検特A級。通訳案内士。

司法通訳人という仕事
――知られざる現場

2019年11月15日　初版第1刷発行
2019年11月25日　初版第2刷発行

著　者――――小林裕子
発行者――――依田俊之
発行所――――慶應義塾大学出版会株式会社
〒108-8346　東京都港区三田2-19-30
TEL〔編集部〕03-3451-0931
〔営業部〕03-3451-3584〈ご注文〉
〔　〃　〕03-3451-6926
FAX〔営業部〕03-3451-3122
振替00190-8-155497
http://www.keio-up.co.jp/
装　丁――――鈴木衛
組　版――――株式会社キャップス
印刷・製本――中央精版印刷株式会社
カバー印刷――株式会社太平印刷社

Printed in Japan ISBN978-4-7664-2637-3